文法とは何か

音韻・形態・意味・統語のインターフェイス

開拓社
言語・文化選書
40

文法とは何か

音韻・形態・意味・統語のインターフェイス

西原哲雄 著

開拓社

まえがき

本書は，英語を中心として，日本語やその他の言語におけるそれらの活動や機能がどのようにして行われているのかを概説したものであります。言語の基本的構造やその学習で一般的に重要視されているものとして「文法」という用語がすぐに挙げられることになります。

そして，言語の活動や学習の中心はかならず「文法」，すなわち，それぞれの言語での単語をどんな規則にしたがって，どのようにして並べるのか，という問題にのみに注目が置かれることになり，それが言語（外国語など）の学習の唯一の手段であるように多くの人々が理解しています。

しかし，実際の言語の活動（外国語を含む）では，個々の単語発音やイントネーションや，文章の理解の仕方と言った，いわゆる統語論（「文法」）以外の言語活動も同時に行われてこそ，初めて，お互いの言語によるコミュニケーションが可能になることは明らかです。発音が悪かったり，文の意味を正しく理解できなければ，コミュニケーションは成立しません。

それゆえ，統語論以外の言語の構成分野である，音声・音韻部門，意味論や単語の構造に関わる形態論（語形成），談話の流れの分析に関わる語用論の部分を含めて，これらの分野が相互に関連しています。

そこで，いわゆる「インターフェイス（相互関連性）」が機能することによって，私たちの言語活動が適切に行われていることをみなさんに本書を通じて，知っていただければ幸いです。

本書の作成にあたっては，英文校閲および日本語訳において同僚である宮城教育大学のエイドリアン・リース専任講師から多くの貴重なご意見とご指摘をいただきましたことに謝意を表したいと思います。

さらに本書の出版を快諾していただいた開拓社の川田賢氏から，多大なる御支援をいただだいたことに心から感謝し，ここに記して，特に御礼を申しあげたい。

2013 年　初夏

西原　哲雄

目　次

序　章

文法のインターフェイスとは何か

「文法（英文法）」という言葉または，用語を耳にすると一般的には，中学校や高等学校の英語の授業の時間に学んだ，英語の単語をどのように並べれば，正しい英語の文が作り出すことができるのかということを取り扱う，いわゆる「学校文法」や「伝統文法」というものが，多くの読者の方々は連想されるに違いないと思われます。

しかし，英語を含む人間の言語は，単語を正しく並べるための決まりである，文法また英文法（以下，統語論（Syntax）と呼ぶ）だけではなく，それぞれの言語の音の並び方や，その機能にも一定の決まり（規則）が存在し，この分野を音韻論（Phonology）と呼びます。また，統語論で作りだされた文の解釈をどのようにして行うのかにも一定の決まり（規則）が存在しており，この分野は意味論（Semantics）と呼ばれるものであります。

さらに，上記で述べた，三つの分野はそれぞれに関係を持っており，チョムスキー（Chomsky）という言語学者が提案した生成文法（Generative Grammar）の考え方の一つである統率束縛理論（Government and Binding Theory: GB 理論）では，以下のような関係を示したモデルが提案されました。

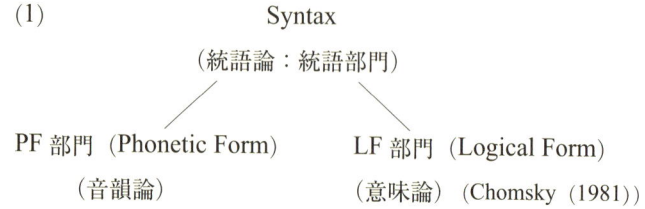

(1) Syntax
（統語論：統語部門）

PF 部門（Phonetic Form）
（音韻論）

LF 部門（Logical Form）
（意味論）（Chomsky（1981））

(1) で提案されたモデルは，核となる統語論での出力が，その解釈部門である，PF 部門で音声的な解釈を受け，LF 部門では統語論での出力の意味解釈が行われていることを示しているものであり，それぞれの部門の関連性の方向は上から下へ進むトップダウン（Top-Down）形式となっています。このようにして三つの部門が一定の形式で関連しており，これが「文法のインターフェイス（Interface）」と呼ばれているものです。

また，ジャケンドフ（Jackendoff (1995)）では，下に示したような文法の構図が提案されています（一部簡略化しています）。

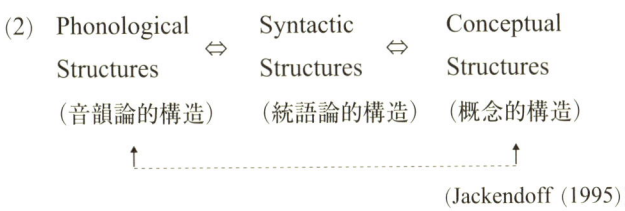

(2) Phonological Structures（音韻論的構造） ⇔ Syntactic Structures（統語論的構造） ⇔ Conceptual Structures（概念的構造）

↑- ↑

(Jackendoff (1995))

(2) で示された，ジャケンドフによる文法の構造（Organization of the Grammar）では，(1) の構造とは異なり，三つの部門のすべてが相互に関連性を持っているインターフェイス構造が提案されています。

さらに，1970 年代の生成文法（Generative Grammar）の枠組みが文法理論の主流になろうとした時には，従来，音韻論の一部であると考えられていた語の形成や内部構造を扱う分野であった形態論（Morphology）も，一つの自律した部門であると考えられるようなになりました。そして，生成形態論（Generative Morphology）という研究分野が提案されることになり，現在に至っています。

また，生成文法の三つの部門である，統語論，音韻論，意味論のほかに，一つの文よりも大きな範囲（二つ以上の文にまたがる）の運用を取り扱う語用論（Pragmatics）という部門の対象としなければならないとする機能文法（Functional Grammar）という枠組みも提案されています。

いずれにしろ，人間の言語の内部構造である中核をなす，統語論，音韻論，意味論やそれに関わる部門である，形態論や語用論といったそれぞれの部門は，お互いに少なからず関連性を持っていることは明らかなことであると言えましょう。たとえば，これらの関係を(1) で示された構造に修正・付加すると以下で提示されるようなモデルになります。

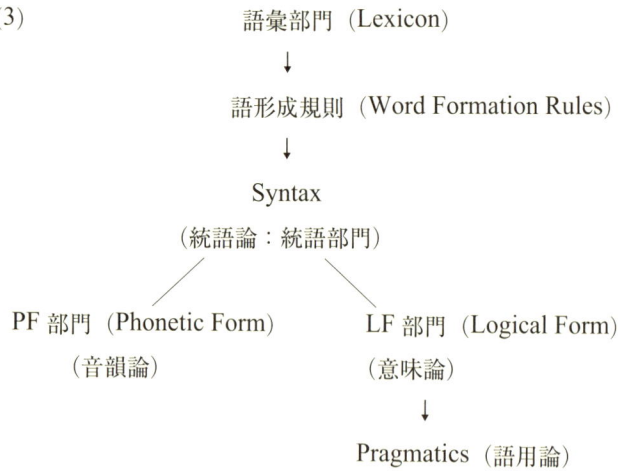

(3)

語彙部門（Lexicon）
↓
語形成規則（Word Formation Rules）
↓
Syntax
（統語論：統語部門）

PF 部門（Phonetic Form）
（音韻論）

LF 部門（Logical Form）
（意味論）
↓
Pragmatics（語用論）

このようにして，言語の文法とは，言語内の各部門が独立がしながらも，お互いに関連性を持っている構造だと考えられます。

本書では，先に見た人間の言語内での，統語論，音韻論，意味論や，形態論，語用論などの各部門がどのようにして関連性（インターフェイス：Interface）を持ちながら，人間の言語活動が機能しているのかを明確にします。

第 1 章

音韻論と形態論のインターフェイス

序章で述べたように，1970 年代に成熟した文法理論となりつつあった，人間の言語は「文法規則の束から成り立っている」と主張したノーム・チョムスキー（Noam Chomsky）によって提唱された「生成文法 (Generative Grammar)」によって，自律した言語部門として，形態論 (Morphology) が認められるようになりました。と言うのは，生成文法の枠組み以前の言語学の考えでは，形態論は言語部門において自律し，独立した部門であるとは考えられておらずに，音韻論の一部分として考えられていたのが実状でした。そして，生成文法の枠組みによって，自律した形態論は生成形態論（Generative Morphology）となり，発展してゆくことになりました。ただ，生成文法の枠組みでも，すでに形態論と音韻論との関連性は，認められていました。

それゆえ，それぞれ単語の派生とそれらの単語の発音の変化は明らかに関連しており，その代表的でかつ基本的な考え方は，生成音韻論 (Generative Phonology) の枠組みにおける形態論（語形成）との関わりが以下のように挙げることができます。

1.1. 生成音韻論

生成音韻論における基本的な文献として，Chomsky and Halle (1968) *The Sound Pattern of English* (SPE) を挙げることができます。そして，この SPE の枠組みにしたがって，主に二つの点に注目して，生成音韻論の概説を進めることにします。まず第一には，構造主義音韻論の基本であった分節音の最小単位であった音素の単位を廃止し，新たに分節音を構成する単位として音素よりも小さな単位である弁別素性（distinctive feature）の導入を提案しました。したがって，分節音は弁別素性の束から成り立っていることになり（弁別素性の詳細はここでは詳しく述べません），同時に音節という従来の概念の破棄も提唱されました。第二には，英語の音声表示（実際の音への具現化）と音韻変化（綴り字と実際の発音とのずれなど）の説明で，基底表示（underlying representation）を入力として，音韻規則（phonological rules）の適用を経て，（表層）音声表示（phonetic representation）が出力として得られるとした上で，この過程のことを派生（derivation）と呼びました。この理論の大枠は以下のように図示することができます。

(1)　[基底表示(underlying representation: UR)]
↓
[音韻規則(phonological rules: PR)]
↓
[音声表示(phonetic representation: PR)]

音韻規則の適用は，一般的に以下のような定式化によって説明されます。

(2)　A → B / X___Y　　　(cf. X A̲ Y → X B̲ Y)

この定式化からは，→ は「変化をする」ということを意味し，/ は「右側の環境において」，___ は「この位置において」ということを表しています。

すなわち，(2) の定式化は「X と Y にはさまれた環境で ___ の位置のある要素 A が B に変化する」というように解釈することができます。

まずは，生成音韻論における，代表的な音変化の現象の説明例として，英語の軟口蓋閉鎖音（velar stop: [g]）と軟口蓋鼻音（velar nasal: [ŋ]）の生起状況が，生成音韻論の規則の適用によって的確に説明できることを示すことにします。英語の単語の違いによる軟口蓋閉鎖音（velar stop: [g]）と軟口蓋鼻音（velar nasal: [ŋ]）の生起状況の違いは (3) に見られるような違いがあります。

(3) a. finger [fi[ŋ][g]ər]
 b. singer [si[ŋ]ər]
 c. longer [lɔ[ŋ][g]ər]

これら三つの単語における発音の違いは，以下に挙げる二つの音韻規則の適切な順序付けによって，的確に説明されます。音韻規則 (I) は軟口蓋閉鎖音 [g] の直前にある歯茎鼻腔閉鎖音 [n] を軟口蓋鼻音 [ŋ] に変えるもので，音韻規則 (II) は語末（# は語末を示す記号です）における軟口蓋閉鎖音 [g] を脱落させる音韻規則であります。

(4) (I) [n] → [ŋ] / ___[g]
 (II) [g] → [ϕ] / [ŋ]___#

これらの音韻規則が，(I) (II) の適用順序において，以下に示す基底表示(綴り字発音に近いもの)に適用されることになります。なぜなら，本来，英語の発音は古期英語（Old English: OE）の時代には綴り字と音が基本的には 1 対 1 の対応をしており，(3) で挙げられたそれぞれの単語は以下のような基底表示を持っていると考えられるからです（+ は形態素の境界を示します）。

(5) a. singer [sing#ər]　　cf. X X X X "sing"
b. finger [fingər]　　| | | |
c. longer [lɔng + ər]　　s i n g

(5) に挙げられた基底表示に音韻規則が適用させられると以下のような派生が行われることになります。

(6) a. singer　b. finger　c. longer

[sing#ər]	[fingər]	[lɔng + ər]	(UR: 基底表示)
[siŋg#ər]	[fiŋgər]	[lɔŋg + ər]	(I) [n]→[ŋ] / ___[g]
[siŋ#ər]	[fiŋgər]	[lɔŋg + ər]	(II) [g]→[ϕ] / [ŋ] ___#
[siŋər]	[fiŋgər]	[lɔŋgər]	(PR: 音声表示)

(6) からは，語境界を持つ (6a) では，音韻規則 (II) の適用によって，軟口蓋閉鎖音 [g] が削除されて，音声表示が得られますが，(6b, c) では，それぞれ語境界のないことや，形態素境界の存在によって，音韻規則 (II) の適用が阻止されることになり，軟口蓋閉鎖音 [g] は削除されずに音声表示に残ることになります。

上記で述べられた形態素境界 (+) は生成音韻論の派生で重要な役割をしており，以下のような音韻規則である，軟口蓋軟音化規則 (velar softening) の適用の有無についても，その説明に関わっています。

(7) [k] → [s] / ___ + i　([k] → [s] / ___ {ity, ism, ify, ize})

(Hyman (1975))

したがって，この音韻規則の適用は，以下のような例において適用されて，音声変化が生じていることが確認できます。

(8) [k] → [s]

a. electric [k]: electri[s]+ ity "electricity"

b. critic [k]: criti[s]+ ism "criticism"

(Hyman (1975))

したがって，形態素境界（+）を持たない，次のような語は，軟口蓋軟音化規則（velar softening）の適用を受けないと説明されることになります（* は不適格であることを示します）。

(9) a. [k]ill, [k]ey, [k]it, [k]ite → *[s]

b. spoo[k]#y, haw[k]#ish, pac[k]#ing → *[s]

(Hyman (1975))

また，単語の最後に接尾辞という要素が，新たに付加されるともとの単語の発音が変化する場合もあります。以下の例では，接尾辞（-dom, -th や-ity など）が付加された後に，もとの単語の母音が二重母音から単母音に変化していることや，その他の接尾辞（-ic, -ity, ian）などが付加されるとそれらの単語の強勢の位置が移動することも分かります。

(10) a. wise [waiz] → wis-dom [wiz-dəm]

b. wide [waid] → wid-th [wid-θ]

c. divine [divain] → divin-ity [divin-əti]

d. ac[á]demy + ic → acad[é]mic

e. n[á]tional + ity → nation[á]lity

f. [Í]taly + ian → It[á]lian

1.2.　複合語の強勢と名詞句の強勢付与

次に複合語の強勢と名詞句の強勢付与の違いについて，概観することにします。一般的に複合語は，二つ以上の語（語基）が結びつくことによって生産されるものです。生産性の非常に高い，名詞＋名詞の複合語（複合名詞）と，同じ語（語基）の連続である名詞句との違いは一般的に，強勢の位置の違いがあります。

すなわち，複合名詞は基本的にその第1要素（左側の要素）に第1強勢が付与されるのに対して，名詞句は，その第2要素（右側の要素）に第1強勢が付与されるという違いが存在します。そして，ここでは，複合名詞と名詞句を例に挙げて説明をします。これらの強勢付与は生成音韻論（Generative Phonology）の枠組みにしたがえば，複合名詞に対しては複合語強勢規則（compound stress rule: CSR），一方，名詞句に対しては，核強勢規則（nuclear stress rule: NSR）によって付与されることになります。

(11)　[AB]c において
　　a.　CSR:　c が語彙の範疇なら，A が S
　　　　　　　　　　　　　　　　(S=強強勢（第1強勢))
　　b.　NSP:　c が句の範疇なら，B が S

(11) に基づく二つの強勢付与規則によって，複合名詞と名詞句は以下のように，異なった強勢型を持つことになると説明されます（太文字が第一強勢を示します)。

(12) a. 複合名詞

a. 複合名詞	b. 名詞句
BLACKboard（黒板）	black BOARD（黒い板）
GREEN house（温室）	green HOUSE（緑の家）
ENGLISH teacher（英語の先生）	English TEACHER（英国人教師）
WOMAN doctor（産婦人科医）	woman DOCTOR（女医）
DANCING girl（踊り子）	dancing GIRL（踊っている女の子）

しかしながら，複合名詞の強勢の位置については，例外的に句強勢型の強勢を持つ語が実際にはしばしば見られます（Madison AVENUE / MADISDON street，apple PIE / APPLE cake，など）。

1.3. 音節構造と音節量

次には，音節という概念と強勢の関係を見ることにします。一般的には音節とは「母音を中心とした音の集まり」や「母音を中心とした単音の束」などと定義されています。すなわち，基本的には音節はかならず母音を一つ含まなければならないことになっています。

この母音の部分を音節核（syllable nucleus）または音節頂点（syllable peak）と呼ぶ。この母音部分に先行する子音(群)を頭子音（onset）と呼び，母音部分に後続する子音(群)を尾子音（coda）と呼びます。英語の音節の内部構造については，以下の図を参照してください。

(13)　英語：

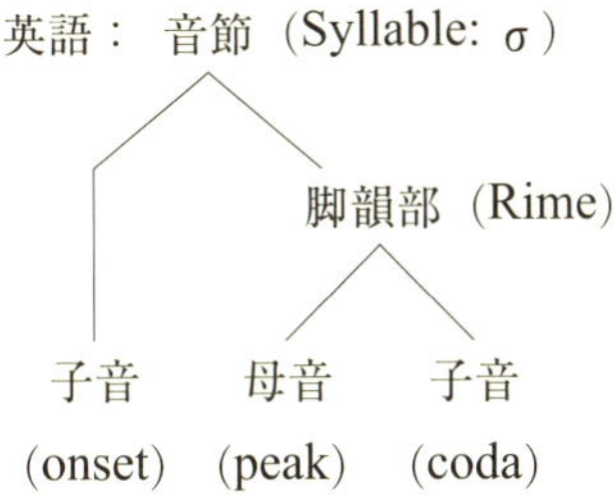

cf. 音節（syllable: σ）
母音（vowel: V）
子音（consonant: C）

そして，次にはこの音節の構造に関わっている音節量（syllable weight）という概念について，検討をします。この音節量は音節の内部構造によって決定されるものであり，脚韻部（Rime）が枝分かれしている構造である音節を重音節（heavy syllable）と呼び，枝分かれをしていない音節を軽音節（light syllable）と呼びます。また，この音節量の決定には母音の前の頭子音(群)は関与せず，それぞれ，以下のような音節構造を持っています（V は短母音を，VV は長母音または二重母音を示しています）。

(14) a.　軽音節：(C)V
　　b.　重音節：(C)VV, (C)VC
　(c.　超重音節（superheavy syllable）：(C)VCC))

(14) に見られるような音節構造の違いは，語強勢（word stress）の位置を決定するのに非常に重要な役割を担うことになります。たとえば，英語の名詞のアクセントの決定には，以下のように音節量が関わっていることが分かります。

(15) a.　語末から二つ目の音節が重音節であれば，その音節にアクセントを置く。
　　cf. ba.**ná**.na, vi.**ó**.la, ho.**rí**.zon など。

b. 語末から 2 音節目が軽音節であれば，その一つ前の音節にアクセントを置く。
cf. **Cá**.na.da, A.**mé**.ri.ca, **rá**.di.o など。

（窪薗（2006））

これらのアクセント規則はラテン語（古代イタリア語）やロマンス語系の諸言語（イタリア語，スペイン語，ルーマニア語など）や英語と同じ語族に属するゲルマン語系の諸言語（ドイツ語，オランダ語など）にも適用されていることは，興味深いことです。これの関連性は，これらの言語が本来はインド・ヨーロッパ祖語または，印欧祖語（Indo-European language）と呼ばれる一つの言語をその起源としていることによるものだと考えられます。

1.4. 混成語と主要部

形態論の分野では，二つ以上の要素からなる派生語や複合語の生産過程で，重要な役割をする要素はそれぞれの構造の右側の要素であり，この部分を主要部（Head）と呼び，この現象を右側主要部規則（Right-hand Head Rule: RHR）と呼んでいます（ただし，ここでは右側主要部規則について詳しくは述べず，詳細は後述することにします）。

この形態論で主張された，形態論的主要部（Morphological Head）のほかに，音韻論の部分でも同じように重要な役割をする部分を，音韻論的主要部（Phonological Head）と呼ぶことが提唱されています。Quirk et al. (1985) では，二つの単語の一部分を取り出し，それらを合成して作り出す英語の混成語（Blending）

の強勢パターン（音節数: Y_2）は二つの混成語の「右側の要素」の単語の強勢パターン（右側の単語の音節数: Y_1）と同様であると指摘しています（$X + Y_1 = Y_2$）。

(16) a.　混成語の一例：　　　　$AB + XY = AX$
　　 b.　混成語の強勢パターン：　$X + Y_1 = Y_2$

そして，日本語や英語の混成語において，日本語ではモーラが，英語では音節がその基本的単位となり，それぞれ右側の単語のモーラ数や音節数が，生成された混成語のモーラや音節数と一致していることが以下の表から分かります。

(17)　日本語の混成語

Japanese		（モーラ）	（音節）
a) dasu(to) + (zoo)kin	= dasu-ki-n	: 3 + 4 = 4	/ 3 + 2 = 4
b) mama (ai)doru	= mama-doru	: 2 + 4 = 4	/ 2 + 3 = 4
c) o + (si)ppo	= o-ppo	: 1 + 3 = 3	/ 1 + 2 = 4

(18)　英語の混成語

		（音節）
a) sm(oke) + (f)og	= smog	: 1 + 1 = 1
b) br(eakfast) + (l)unch	= brunch	: 2 + 1 = 1
c) l(unch) + (s)upper	= lupper	: 1 + 2 = 2

（渡部・松井（1997））

このように考えると，形態的主要部と音韻的主要部は同じ，右側であるという統一的な見解がなされることになり，これらの主要部という概念が言語の文法内にて適切に機能していることを示します。

(18) a.　形態論的主要部（Morphological Head）：　右側（right）
　　b.　音韻論的主要部（Phonological Head）：　右側（right）

1.5.　音韻変化と形態構造

1.5.1.　連濁と形態構造

二つの単語の連続し複合（複合語化）する時，前部構成要素の単語の末尾の音声の影響によって，後部要素となる単語の語頭音が濁音化する現象のことを連濁（Rendaku）といいます。

(19) a.　iro + kam → iro + [g]ami
　　b.　yu + tofu → yu + [d]oofu

そこで，この連濁を形態構造に基づいて規則化すると次のようになります（ここでの [+ voice] は濁音を指します）。

(20)　連濁（Rendaku）:　Sequential Voicing Rule（*Rendaku*; formulation here adapted from Otsu（1980））
C → [+ voi] /　　] + [___X] Condition: X does not contain [+ voi, − son]

しかしながら，複合語の後部要素にすでに濁音が存在する時には，この連濁化は阻止されることになり，この現象は Lyman's Law（ライマンの法則）と呼ばれます。

(21) a.　[kami] +[kaze] → [kami + *[g]aze]
　　b.　[doku] + [tokage] → [doku +*[d]okage]

また，複合語でも，以下の（22-24b）で，見られるような並列複合語では，連濁は生起しない（Wd は単語を意味します）。

(22) a.　ヤマガワ（山川＝山にある川）→ [　　]Wd
　　b.　ヤマカワ（山川＝山と川）　　→ [　]Wd [　]Wd
(23) a.　アテナガキ（宛名書き）　　　→ [　　]Wd
　　b.　ヨミカキ（読み書き＝読みと書き）→ [　]Wd [　]Wd
(24) a.　オビレ（尾鰭＝尾の鰭）→ [　　]Wd
　　b.　オヒレ（尾鰭＝尾と鰭）→ [　]Wd [　]Wd

（窪薗（1995））

そして，この現象は次のような形態論的構造の観点から，定式化することができます。

(25)　Lyman's Law（ライマンの法則）:　Blocking of sequential voicing in stems containing voiced obstruents (*"Lyman's Law," OCP on [+ voice, – son]*)

さらに，この連濁は日本語の中の，和語（Native Japanese: NJ）のみに適用され，漢語（Sino-Japanese: SJ）や外来語（Foreign Word: FW）では適用されないと一般的には主張されています。そこで，この適用状況をうまく説明するために日本語の単語が次のように階層化されており，一番深い層に位置する和語のみに適用されているとされています。

(26)　日本語の単語階層
　　[[[　和語(NJ)　]　漢語(SJ)　]　外来語(FW)　]
　a.　[biwa] + [ko]　→[biwa + *[g]o]（琵琶湖：漢語）
　b.　[rein] + [kooto] →[rein + *[g]ooto]

(レイン・コート：外来語)

このように，和語や外来語では基本的には連濁が生じないことから，(20) の定式は次のように修正されることになります。

(27) 連濁 (Rendaku): Sequential Voicing Rule (*Rendaku*; formulation here adapted from Otsu (1980))
C → [+ voi] /] + [___X] Condition: X does not contain [+ voi, − son] / [___X] is NJ

上記のように定式化すれば，連濁が和語のみに適用され，漢語，外来語では，適用されないことが明確に示すことができます。

(28) a. [yu] + [tofu] → [yu + [d]oofu]$_{\mathrm{NJ}}$
b. [biwa]+[ko] → [biwa + *[g]o]$_{\mathrm{SJ}}$ (琵琶湖：漢語)
c. [rein]+[kooto]→[rein +*[g]ooto]$_{\mathrm{FW}}$
(レイン・コート：外来語)

しかし，実際には，連濁の適用は，上記で示された日本語の語彙階層において絶対的に適用されるものではなく，以下のような適用率における相違というものが存在します (Irwin (2011))。

(29) NJ (87%) > SJ (10~20%) > FW (0 または例外的に適用)

漢語の一部 (間 (けん) →人間 (にんげん)，徳 (とく) →功徳 (くどく)) や外来語においては，連濁が適用されている場合があるからです。特に江戸時代などに借用された外来語は，以下に挙げるような外来語においても連濁が生じる場合があり，これは本来は外来語であった語が長い歴史を経ることによって現代においてはもうすでに日本人にとっては外来語とは感じることが無くなり，(26) における外来語の層から和語の層へと移動したと考えることによってうまく説明することが可能となります。

(30) a.　ama + $[kappa]_{FW}$ →
　　ama + $[[g]appa]_{NJ}$
　　（外来語（ポルトガル語）：FW → NJ）
b.　kuwae + $[kiseru]_{FW}$ →
　　kuwae + $[[g]iseru]_{NJ}$
　　（外来語（カンボジア語）：FW → NJ）

このような，外来語の層から，和語の層への移行というものも，日本語における形態構造の範疇の再構築と考えることができます。

(31)　日本語の語彙層の再構築
　　［外来語（FW）］→［和語（NJ）］

これらの形態構造の範疇が，(32) のような例では史的な変遷を経ることによって，再範疇化が起きることによって，連濁が本来外来語であるような場合にも適用されると考えられます。しかしながら，昭和時代以降に借用された外来語では，連濁が決して起きていないことにも注意しなければなりません。

(32) a.　[ama] + $[kappa]_{FW}$ → $[ama + [g]appa]_{NJ}$
b.　[kuwae] + $[kiseru]_{FW}$ → $[kuwae + [g]iseru]_{NJ}$
c.　$[garasu]_{FW}$ + $[keesu]_{FW}$ → $[garasu + {}^{*}[g]eesu]_{FW}$
　　（昭和時代以降に借用）

さらに，この連濁現象は，日本人の苗字の発音とも関わっており，苗字の前部要素の濁音がある場合は，後部要素で濁音化が阻止されことになり，そうでない場合は，後部要素の発音にはゆれが見られます。

(33) a. [si**b**a] + [ta] / *[da] (柴田)
b. [na**g**a] + [sima] / *[zima] (長嶋)
c. [si**m**a] + [ta] / [da] (島田)
d. [na**k**a] + [sima] / [zima] (中島)

1.5.2. 標準アメリカ英語の [t] / [d] 削除と形態構造

標準アメリカ英語では語末の [t] / [d] 削除が頻繁に見られます。しかし，(34a) で見られるように単一形態素の中に生じる [t] / [d] 削除は，(34c) で見られるような基本となる語は異なった形態素として存在している語末の [t] / [d] 削除よりも高い割合で削除されています。これは，(34c) で見られるような語末の [t] / [d] は過去時制を示す重要な役割をしているので，(34a) で見られるような単一形態素中で生じるなんの機能も持たない [t] / [d] よりもいっそう高い確率で削除されると説明されます。

また，(34c) のように過去時制の [t] / [d] が削除されている (2b) は，不規則であるので，[t] / [d] の直前での母音の変化によって，語末まで行かなくても動詞が過去時制であると判断されるので，語末の [t] / [d] の過去時制としての負担量は少なくなるので，[t] / [d] の削除される割合は (34a) と (34c) の中間に位置することとなり，語末の [t] / [d] の機能負担ということが，この現象に関わっていることを示しています。

(34)　標準アメリカ英語 [t] / [d] 削除

a)　[pas[t]], [col[d]]　(脱落率大：機能負担小)

b)　[kep[t]], [tol[d]]　(脱落率中：機能負担中)

c)　[pass][t], [call][d]　(脱落率小：機能負担大)

以下に見られるような表によれば，[t] / [d] 削除は複合的な基準によっても削除が見られ，その削除の割合は，母音の強勢の有無，離接する音との音韻素性の連続性，[t] / [d] に後続する分節音の違い (語末および，子音なのか母音なのか)，単語の使用頻度などが削除割合の違いをもたらしていることが分かります。また，発話の速度が速くなれば，脱落率は上昇します。

(35)　Gradience in Application (Variation in final /t, d/ according to multiple criteria: 漸次的複合基準による語末 /t, d/ 削除の変種)

	<higher reduction>	<lower reduction>	<criterion>
a)	safes[t]	resis[t]	unstressed / stressed V
b)	mis[t]	sif[t]	feature (non-) sharing (coronal)
c)	wes[t]#,		
	wes[t] side	wes[t] end	before pause (C) /V
d)	tol[d]	mean[t]	frequency

(Kraska-Szlenk and Zygis (2012))

1.6. 語彙音韻論

1.6.1. 音韻論と形態論の関係

語彙音韻論 (lexical phonology) とは，語形成 ((生成) 形態論)

と音韻論のインターフェイスを提唱する音韻理論であります。まずは，生成形態論の概観をすることにする。生成形態論とは，語形成が語彙部門（lexicon）において，一定の階層構造を成しており（これらはレベル（level），クラス（class）または層（stratum）などと呼ばれる），語への接辞（接頭辞や接尾辞）の付加や語と語の結合（複合語化）が，階層構造の順序にしたがって形成されと主張するものであります。基本的な階層は以下に挙げるようなものがあり，その階層の数はいくつかの案が提案されています。

(36)　クラス I 接辞付加
　　　　↓（循環語強勢付与規則）
　　クラス II 接辞付加
　　　　↓
　　語レベル音韻論(Phonological Rules)

(Siegel (1974))

これは，順序付けの仮説（ordering hypothesis）と呼ばれるもので，クラス I 接辞はクラス II の内側にのみ生じ，通常，外側には生じないことを示しています。したがって，クラス I 接辞がクラス II の外側に表れるような語形成過程は認められないことになります（なお，同じクラスの接辞が連続することは問題はありません）。

(37) a.　univers-al-ness / atom-ic-ity / beauty-ful-ness
　　　　　I　II　　　　I　I　　　　II　II
　b. *atom-less-ity / *piti-less-ity / *guard-ed-ity
　　　　II　I　　　　II　I　　　　II　I

次に，具体的にどのようなクラス I 接辞とクラス II があるのかを一部，挙げることにします。

(38) a.　クラスＩ接辞：in-，-ity，-ic-，-ian，-ory，-ary，-ion
-ate，-al，-y
b.　クラスII接辞：un-，-ness，-less，-hood，-like，-dom
-ful，-ship，-ed，-ing
(Scheer (2011) を一部改変)

また，このような接辞群において，クラスＩ接辞付加では，語の強勢移動や音変化が見られるが，クラスII接辞付加では，そのような変化は見られないと説明されます。

(39) a.　第Ｉ類接辞は強勢位置決定に関わり，第１強勢の位置の移動を引き起こす場合がある。一方，第II類接辞は強勢位置決定にかかわらず，強勢の移動を引き起こさない。
májor → majór + ity (class I) / wóman → wóman + ish (class II)
b.　第Ｉ類接辞は語基，または接辞において子音や母音の音声変化を引き起こすことがある。しかし，第II類接辞はそのような変化を引き起こさない。
in + balance → im + balance (class I) / un + balance → un + balance (classII)
ただし，unbalance は，[ʌn-] が後続の [b] に同化して [ʌm-] と発音されることはある。その場合も，綴り字上の変化は起こらない。

そして，(36) で挙げられたモデルを修正して，さらに層の数を増やしたモデルが以下の Allen (1978) の枠組みであります（なお，Allen (1978) では，クラスという用語の代わりにレベルという用語を用いています）。

(40) 拡大順序付け仮説(Extended Ordering Hypothesis)
レベル I 接辞付加
↓
レベル II 接辞付加
↓
レベル III 接辞付加（ゼロ派生，複合語化，non- 接辞付加）

このモデルにしたがえば，以下に挙げるようなレベル III で生産された複合語の外側にレベル II 接辞である，un- が付加された単語が存在しないことが的確に説明ができます。

(41) *un-[forward-looking] *un-[home-made]
*un-[color-blind] *un-[hand-washable]

その一方，non- 接辞付加が例外的に，複合語の外側に付加されることもうまく説明ができます。

(42) non-[forward-looking] non-[home-made]
non-[color-blind] non-[hand-washable]

しかしながら，Selkirk (1982) の主張によれば，以下の例に挙げるように，複合語の外側にレベル II の接頭辞が，付加されている例が存在していることが指摘されています。

(43)　un-[self-sufficient]　ex-frogman　de-upgrade
　　　un-[top-heavy]　mis-underline　pre-outflank
(Selkirk (1982))

このような例を説明するために，Selkirk は以下に挙げるような階層化を提案しています。この階層化によれば，レベル II において，複合語化と接頭辞付加が行われることが，矛盾なく説明することになるからです。したがって，この (44) のモデルを (40) のモデルに代わって用いることが妥当であることが分かります。

(44)　レベル I 接辞付加
　　　　↓
　　　レベル II 接辞付加・複合語化 (Compounding)

1.6.2.　語彙音韻論の枠組み

先にも述べたように，語彙音韻論 (lexical phonology) とは，語形成 ((生成)形態論) と音韻論のインターフェイスを提唱する音韻理論であり，形態論における階層構造とさまざまな音韻規則がお互いに関連性をもって，語レベルから文レベルに至るまでの派生過程が行われる文法構造の枠組みであります。

語彙音韻論における基本的枠組みのモデルを提示すると以下のようなものが挙げられます。

(45) 語彙音韻論（Lexical Phonology）

語彙部門（Lexicon）

(1) 基底表示（Underlying Representation: RP）

[形態論（Morphology）⇔ 音韻論（Phonology）レベル 1]

[形態論（Morphology）⇔ 音韻論（Phonology）レベル 2]

[形態論（Morphology）⇔ 音韻論（Phonology）レベル N]

↓

(2) 語彙表示（Lexical Representation）

（語彙挿入，休止挿入）

↓

[後語彙音韻論（Post-Lexical Phonology）]

↓

(3) 音声表示（Phonetic Representation: PR）

このように，形態論の階層構造での単語の形成と音韻論（音韻規則の適用）とのインターフェイスによって説明したものが，以下の，Mohanan (1982) などで提案されている 4 層から成る，標準的な語彙音韻論の枠組みです。

(46) 層 1： クラス I 接辞付加，不規則的屈折接辞付加

層 2： クラス II 接辞付加

層 3： 複合語形成

層 4： 規則的屈折接辞付加

↓

後語彙音韻論（Post-Lexical Phonology）

（Mohanan（1982））

この枠組みによって，単語の語末（音節末）で現れる英語の暗い [ɫ]（dark [ɫ]）と単語の語頭（音節の始め）で現れる明るい [l]（clear-l）の分布を，うまく説明できます。以下の表において，層 2 で派生される複合語の最初の要素である単語の音節末の暗い [ɫ] が次の単語の音節の始めに移動して，明るい [l] が現れる一方，後語彙音韻論レベルで現れる名詞句の最初から 2 番目の単語の音節末で，暗い [ɫ] が現れることを的確に説明することができます（(47) を参照してください。(48) で . は音節境界を示す)。

(47)　明るい [l]（clear-l）　暗い [ɫ]（dark [ɫ]）

明るい [l]（clear-l）	暗い [ɫ]（dark [ɫ]）
loop [luwp]	pool [puw[ɫ]]
lope [lowp]	pole [pow[ɫ]]
lake [leyk]	kale [key[ɫ]]
leap [liyp]	peal [piy[ɫ]]

(Sainz（1992))

(48)　層 2

複合語化：　wha[ɫ]e.di.tion

l-再音節化：　wha.[l]e.di.tion

(Sainz（1992))

後語彙音韻論

名詞句連鎖：the. wha[l]. and. the. shark

l-軟口蓋化：the. Wha[ɫ]. and. the. shark

(Sainz（1992))

さらに，この階層構造から，層 3 の複合語の外側に，クラス I 接辞，クラス II 接辞が生じないことが分かり，さらに，複合語の外側に層 4 の屈折接辞が生じ，内側には決して生じないことが分かります。したがって，以下に示されるような順序付けを守らない派生語は認められないことになります。

(49) a. *event-less-ity ([X] + II + I)
*employ-ment-al ([X] + II + I)
b. *in-[book-ish] (I +[X + II])
*in-[though-ful] (I +[X + II])
c. *un-[color-blind] (II +[X + Y])
*un-[shock-resistant] (II +[X + Y])
d. *[hand-s towel] ([X + s + Y])
*[flie-s paper] ([X + s + Y])

また，基本的に，層 1 での形態・音韻操作は循環的（cyclic）であり，層 2 での形態・音韻操作は非循環的であると考えられています。すなわち，層 1 では形態操作（接辞付加など）を受けたあとに音韻規則の何度でも，条件を満たせば，適用される一方，層 2 では，形態操作（接辞付加など）が完全に終了した最後の時点で，音韻規則が適用されることとなります。

(50) 層 1： 形態論 1
↓
音韻論 1
↓
形態論 2
↓
音韻論 2

層 2：　形態論 1
　　　　↓
　　　　形態論 2
　　　　↓
　　　　形態論 3
　　　　↓
　　　　音韻論 1

そこで，層 1 で想定されている強勢付与規則と接尾辞付加とは以下のように連動して，循環的に適用されることになりますので，層 1 の接尾辞が強勢の位置決定に関わる接尾辞となります。（なお，以下の，ABC は名詞句 N 中の強勢の位置（太字）を示し，X，Y などは接尾辞を示します。）

(51)　層 1：　レキシコン　$[ABC]_N$
　　　　↓
　　　　強勢付与（適用）　$[\mathbf{A}BC]_N$（強勢位置決定）
　　　　↓
　　　　接尾辞付加　$[ABC]_N + X]_N$
　　　　強勢付与（適用）　$[A\mathbf{B}C]_N + X]_N$（強勢移動）
　　　　↓
　　　　接尾辞付加　$[ABC]_N + X]_N + Y]_N$
　　　　強勢付与（適用）　$[AB\mathbf{C}]_N + X]_N + Y]_N$（強勢移動）

さらに，この語彙音韻論における階層の数については，多くの研究者のよって，いろいろな提案がなされており，4 層，3 層，2 層というようにさまざまなものが提案されてきています。

そこで，Kiparsky (1982) は3層からなる階層を提案しており，これにしたがえば，(53) のようなクラスII (レベルII) 接辞と複合語の付加が同じレベル2の内部で行われるということから，説明可能となります．

(52) レベル1： クラスI接辞付加，不規則的屈折接辞付加
レベル2： クラスII接辞付加，複合語形成
レベル3： 規則的屈折接辞付加
(Kiparsky (1982))

(53) un_{II}-[self-sufficient]
un_{II}-[top-heavy]
(Selkirk (1982))

ちなみに，Mohanan (1982) では，この現象を説明するのに，以下のような，層3から層2への逆行（loop）という例外的な取り扱いを提案しています。しかし，この提案は非常に特殊なもので，妥当性は高くないと考えられています。

(54) 層2（接辞付加）： re_{II}-[air condition]
↑
層3（複合語化）： [air condition]

1.6.3. 語彙層の数について

ここまでの，語彙音韻論における層の数や構造についての主張をまとめると以下のように，まとめることができます。

(55) Kiparsky (1982)
Level 1: Level 1 affixation
Level 2: Level 2 affixation and compounding
Level 3: Inflection

(56) Mohanan (1982), Halle and Mohanan (1985)
Level 1: Level 1 affixation
Level 2: Level 2 affixation
Level 3: compounding
Level 4: inflection

(57) Kiparsky (1983, 1985), Borowsky (1986)
Level 1: Level 1 affixation
Level 2: Level 2 compounding and inflection

これらのうちで，(55) の階層構造に従えば，複合語形成において，幼児は複合語として，mouse から mice-eater という複合語を派生するが，決して *rats-eater は派生されません。すなわち，複数形が不規則屈折する mouse は層 1 で mice になり，層 2 で eater と複合語 mice-eater を形成します。一方，複数形が規則屈折接辞である rat は層 2 での eater との複合語形成の後に層 3 で規則屈折接辞付加をうけるので，複数の “-s” が複合語の内部に付加されることは不可能であり，*rats-eater とはならないと説明されます。この幼児の複合語形成は語形成の階層化された構造の妥当性を証明する一つの例であり，これらを図示すると以下のようになります。

(58)

（基底形，入力，語基（語根））		mouse eater	*rat-s eater
層 1：	クラス I 接辞付加，		
	不規則屈折接辞	mice	rat
	↓	↓	↓
層 2：	クラス II 接辞付加，		
	複合語形成	mice-eater	rat-eater
	↓	↓	↓
層 3：	規則屈折接辞付加	↓	rat-eater + s
（表層形，出力，語）		mice-eater	rat-eaters
			(*rat[s]-eater)

また，この (55) の階層に従えば，複合語内部に規則屈折接辞（複数を示す接尾辞）が生起しないという事実を正しく予測することができます。

(59) a. *[hands towel]
b. *[flies paper]

この事実は，複合語化が派生 (Derivation) の一つとして考えることによって，以下のような派生接辞と屈折接辞（Inflection）の付加順序の一般的傾向というものからも説明がなされます。

(60) Word – Derivation – Inflection
*Word – Inflection – Derivation

しかしながら，実際には (59) に見られるように，複合語内部（複合語の第 1 要素の語尾）に複数形を表す規則屈折接辞が付加されている例が多く存在しているのも事実であります。

(61)　[arm-s merchant]　[good-s train]　[cloth-s brush]
[park-s commissioner] [custom-s officer]
[saving-s bank]

これらの問題を解決するには，複合語形成の前にすでに，屈折接辞が付加されていると考える（[arm-s] が複合語の入力になるように）語彙化（lexicalization）やその前段階である慣用化（institutionalization）などと呼ばれる解決法が提案されていますが，すべての例がこのような方法で解決することは不可能であります。

したがって，これらの問題を解決するためなどのために，Borowsky (1986) や McMahon (1992) では，最も層の数が少ない 2 層階層構造の枠組みを，以下のように提案しています。

(62)　層 1：　クラス I 接辞付加，不規則的屈折接辞付加
（強勢付与，母音移行，母音弛緩，母音緊張，鼻音同化 ...）
層 2：　クラス II 接辞付加，複合語形成，規則的屈折接辞付加
（口蓋化，側音再音節化，摩擦音化 ...）
(McMahon (1992))

この枠組みにしたがって，次に挙げるそれぞれ単語の派生に関わる強勢移動の違いは，以下のように説明することができます。すなわち，レベル I では派生によって強勢移動が生じていますが，レベル II では，派生が起きても強勢移動が起きていません。

(63) a. átom　　　b. édit
atómic　　　éditor

(McMahon (1992))

(64) Level 1: **á**tom: Stress Rules
átomic: -ic Affixation
at**ó**mic: Stress Rules（強勢付与）

Level 1: **é**dit: Stress Rules（強勢付与）
Level 2: **é**ditor: or-Affixation

(McMahon (1992))

この2層構造の枠組みによれば，(61) で見られるような，複合語の内部，すなわち，複合語の第1要素に規則的屈折接辞が付加されるような例外的な事実も，説明可能になります。

また，レベルI接頭辞の in-が，単語に付加されて，鼻音同化 (nasal assimilation) を起こす一方，レベルII接頭辞の un- が鼻音同化の影響を受けることのないこともうまく説明ができます。

(65) 語彙音韻論における鼻音同化

		im-possible	un-predictable
Lexicon		possible	predictable
Level 1	concatenation	in-possible	____
	nasal assimilation	im-possible	____
Level 2	concatenation	____	un-predictable
	rule-application	____	____

(Sheer (2011) を一部改変)

次には，単語の後ろから3番目の母音が二重母音や長母音から単母音に接辞付加によって起こる3音節単母音化規則（Trisyllabic Shortening Rule）が，レベルIにおいて生じている現象を以下の図表において示します。

(66)　語彙音韻論における3音節単母音化規則

		san-ity	maiden-hood
		sejn	mejdən
Level 1	concatenation	sejn-iti	___
	Trisll.Short	sæn-iti	___
Level 2	concatenation	___	mejdən-hud
	rule-application	___	___

（Sheer（2011）を一部改変）

最後には，レベルIIで適用される鼻音連鎖単純化（nasal cluster simplification）の派生過程を以下に図示します。

(67)　語彙音韻論における鼻音連鎖単純化

		underived class 2		class1
		damn	damn-ing	damn-ation
Lexicon		[damn]	[damn]	[damn]
Level 1	concatenation	___	___	[[damn][ation]]
	bracket erasure	___	___	[damn ation]
Level 2	concatenation	___	[[damn][ing]]	___
	cluster simplification	[dam]	[[dam][ing]]	___
	bracket erasure	___	[dam ing]	___

（Sheer（2011）を一部改変）

したがって，生成文法の枠組みにしたがえば，この2層による説明は，当該言語の話者の内臓する文法の最も真実に近い記述は一つしかなく，可能な記述のうち一つを適切な記述として選択する基準は簡潔性の尺度によるという考えにも合致するものであると考えることが可能です。

(57) や (62) で提案された2層階層構造を援用すれば，(57) で挙げられたような複合語内部に屈折接辞が現れる現象がうまく説明ができます。

(68)(=(61))

[arm-s merchant] [good-s train] [cloth-s brush]
[park-s commissioner] [custom-s officer] [saving-s bank]

すなわち，2層階層構造では，レベルIIの中で，複合語化 (compounding) と屈折接辞付加 (inflection) が同時に行うことができるので，(68) のような構造も，的確に説明ができます。

(69)

Lexicon		[arm] [s] [merchant]
Level 2	inflection:	[arm-s]
Level 2	compounding:	[arm-s] [merchant]
output		[[arm-s] [merchant]]

また，(54) で挙げられたような非常に特殊な，下記の例も，同様に (71) のようにレベルIIの中の操作によってうまく説明ができます。

(70) (=(54))

層2（接辞付加）：　re_{II}-[air condition]

↑

層3（複合語化）：　[air condition]

(71)

Lexicon	[re] [air] [condition]
Level 2 compounding	[[air] [condition]]
Level 2 derivation	[re-[air] [condition]]
Output	re-air condition

上記のような，特殊な複合語のほかに，もちろん，複合語の右側に屈折接辞が付加されるような，普通の複合語も，このレベルIIで的確に生産することもできます。この場合は，通常の派生の順序でない［屈折→派生］の順序を持つようなもので，容認不可な複合語は有標 [+ marked] であると指定されます。そして，複合語の内側に屈折接辞が付加されても容認可能な複合語は無標 [− marked] と指定されます。これによって，複合語の内側に屈折接辞が付加される例の両方が同じレベルIIの内部で，作りだされていることは問題なく説明されますが，[+ marked] と指定された複合語は容認不可とされます。

(72)

	arm merchant	hand towel
	[− marked]	[+ marked]
	↓	↓
Level 2 compounding	[arm merchant]	[hand towel]
Level 2 inflection	[arm-s merchant]	*[hand-s towel]

また，普通に容認可能の複合語の場合は，有標性の指定

([－marked] なのか [+ marked] なのか) の指定がなされておらずに，すなわち [ϕ marked] と指定されています。そのために，容認度の判断の対象とならずに，通常の複合語となって派生されてしまいます。

(73) (＝(59))

Lexicon	green house
	[ϕ marked]
	↓
Level 2 compounding	[green house]
Level 2 inflection	[green house-s]

1.6.4. 順序付けのパラドックス

上記のような，さまざま提案に基づく語彙音韻論の枠組みにおいても，ある一部の語の音韻的，形態論的派生において，適切に説明できない現象が存在します。しかしながら，どのような層についての枠組みにおいても，解決できないような問題が存在します。それは，順序付けのパラドックス (ordering paradoxes) という言われるもので，ここでは ungrammaticality という語の派生でその実例を見ることにします。順序付けの仮説では，-ity はクラス I の接辞で，un-はクラス II の接辞なので，まず-ity から接辞付加が行われ (74a) のような派生が得られます。しかしながら，この語構造だと un- は形容詞に付加されるという下位範疇化の条件が守られていません。一方，下位範疇化を満たす語構造 (74b) は順序付けの仮説に従わないことになります。このような現象を順序付けのパラドックスと呼びます (A は形容詞を，N は名詞を示します)。

(74) a.　[un [[grammatical]$_A$ ity]$_N$]$_N$（音韻論的構造）
　　 b.　[[un [grammatical]$_A$]$_A$ ity]$_N$（形態論的構造）
(西原 (1994a, b), Nishihara (1990))

さらに，unhappier という語では，音韻的には，-er は 3 音節語には付加されないので，(75a) のような構造を持っていると考えられますが，意味的には unhappier は “not more happy” ではなく “more not happy” であるので，(75b) のような構造を持っていると考えられます。

(75) a.　[un [[happy]$_A$ er]$_A$]$_A$
(形態論的構造)

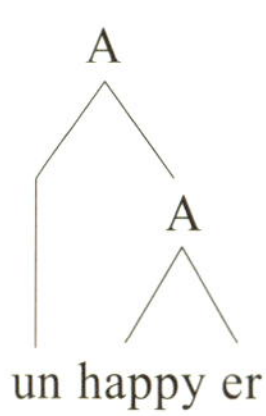

b.　[[un [happy]$_A$]$_A$ er]$_A$
(意味論的構造)

これは，正確には順序付けの仮説に対しての例外ではありませんが，二つの条件を同時にみたすことができないという点から，順序付けの仮説のパラドックスの 1 例として取り扱かわれるのが一般的です。

このように形態構造と音韻構造の不一致である現象は，以下に挙げるようなオランダの語形成過程でも，同様に見られます。

(76)	〈単数形〉	〈音声形式〉	〈複数形〉	〈音声形式〉
a.	hoed "hat"	[hut]	hoed-en	[hudən]
b.	poes "cat"	[pus]	poez-en	[puzən]

上記の例で，オランダ語では，音節末にて子音の無声化規則が適用されることになり，単数形の綴り字が有声音を示す単語でも，語末子音が無声であることが説明できます。

(77) 音節末無声化規則（syllable-final devoicing）

C → [－ voice] / ___)σ

（σ は syllable を表す）

しかしながら，複数形では，この音節末無声化規則が適用されずに，有声音になっていることが分かります。この現象は以下のような派生過程を持っていると考えらえます。

(78)		〈単数形〉	〈複数形〉
step 1:	morphology	hud	hud-ən
step 2:	syllabification	(hud)σ	(hu)σ(dən)σ
step 3:	syllable-final devoicing	(hut)σ	no applicable

（Booij（2012））

単数形の step 2 では，音節末尾子音となった有声子音 [d] は，step 3 で，音節末無声化規則の適用によって無声音の [t] に変えられますが，複数形の場合は，step 2 の音節化によって，音節末子音であった "d" が次の音節の語頭子音となったために，音節末無声化規則が適用されずに，有声子音 [d] を維持したままの形が得られることになります。

そして，この例で見られる形態構造と音韻構造の不一致である現象は，次のように図示することができます。

(79)

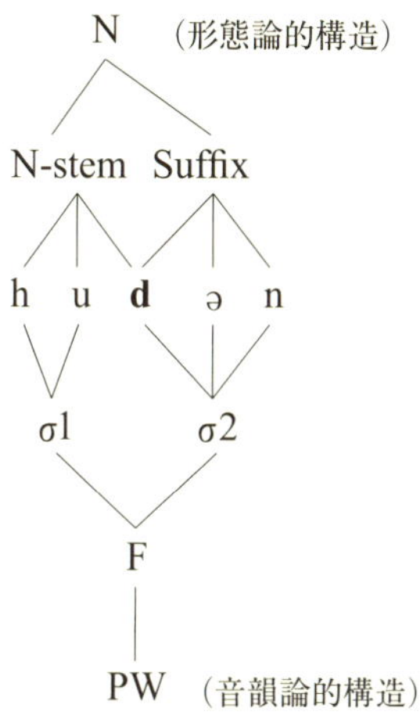

(Booij (2012) を一部改変)

ここでは，太字の **[d]** が，形態論的構造では，最初の単語（要素：N-stem）の最後の形態素である一方，音韻的構造では，二つ目の音節（σ2）の最初の分節音（頭子音）となっていることが明白であり，形態構造と音韻構造の不一致であることが，的確に確認できます。

また，同様の現象ではあるが，接尾辞の付加という形態構造の変化が，直接的に音韻変化に影響している例として，ドイツ語の語末（阻害音）無声化規則が挙げられ，以下のようにドイツ語の語末子音は基本的に無声であるという事実が観察されます。したがって，ドイツ語における語末（阻害音）無声化規則（word-final devoicing）を例に挙げて説明することにします（Bund は「帯」，

bunt は「多彩な」という意味です）。

(80)　語末（阻害音）無声化規則（word-final devoicing）
[+ voice] → [− voice] / ___ #

（# は語境界を示します）

(81)

	主格単数	属格単数	主格複数	属格複数
綴り字：	Bund	Bundes	bunt	buntes
音韻表示：	/bund/	/bundes/	/bunt/	/buntes/
無声化 (12)：	適用	不適用	不適用	不適用
音声表示：	[bunt]	[bundəs]	[bunt]	[buntəs]

（外池（1976））

生成音韻論の音韻規則による説明によれば，(81) に見られるような派生が想定されます。Bund の発音だけが，綴り字 “d” に合わずに，[t] と発音されており，このように語末無声化規則による説明から一見すると，それぞれの正しい音声表示を得られることになるように思われます。したがって，この派生にしたがえば，ドイツ語を習得する幼児は，この規則を知らない時期があり，次にこの規則を習得することで，Bund は最初，[bund] と発音され，規則を習得した後に，[bunt] に発音を変えることになります。しかし，Bundes では，接尾辞 -es の付加によって，綴り字 “d” は語末ではないので，語末無声化規則が適用されずに，有声音の [d] が維持されることになります。ただ，この説明は実際の言語習得の観点からは不十分な点があるので，注意が必要です。

1.6.5.　音律音韻論

音律音韻論（prosodic phonology）はさまざまな音韻規則

(phonological rules) の適用領域を統語的領域 (syntactic boundary) ではなく，音律階層 (prosodic hierarchy) に基づく音律範疇 (prosodic categories) とする理論であり，Selkirk (1984) や Nespor and Vogel (1986) などによって提唱され，発展してきた音韻理論です。

音律音韻論で構成される発話に基づく音律階層 (音律範疇) は統語構造などをもとにして写像規則 (mapping rules) を経て決定されるものですが，これは必ずしも統語構造とは同一のものではありません。一般に，音韻論と統語論 (意味論・語用論) との関係において，両者の構造が同一でないことは，古くは Chomsky and Halle (1968) *The Sound Pattern of English* (SPE) にてすでに指摘されていました (以下，(82) を参照)。

(82) a. This is [$_{NP}$ the cat [$_{S}$ that caught [$_{NP}$ the rat [$_{S}$ that stole [$_{NP}$ the cheese]]]]

b. [$_{I}$ This is the cat] [$_{I}$ that caught the rat] [$_{I}$ that stole the cheese]

(これはチーズを盗んだネズミを捕まえた猫です)

(Chomsky and Halle (1968) / Nespor and Vogel (1983))

そこで，冒頭で述べたように音律音韻論は統語構造などから，音律音韻論の基本概念である音律階層 (Prosodic Hierarchy) に基づき，音律範疇 (Prosodic Categories) を提案して，それらを，音韻規則の適用領域として提案しています (以下 (83), (84) を参照)。

(83) Mapping Rules（写像規則）

Syntactic / Morphological Structures

↓

Mapping Rules

↓

Prosodic Categories (Prosodic Hierarchy)

(84) U = Phonological Utterance（音韻的発話: PU）

I = Intonational Phrase（音調句: IP）

P = Phonological Phrase（音韻句: PP）

C = Clitic Group（接語グループ: CG）

W = Phonological Word（音韻語: PW）

(Nespor and Vogel (1986))

音律範疇における，最上位の音律範疇は音韻的発話（Phonological Utterance）であり，この音律範疇は基本的には，通常，統語範疇の一つの文に一つの音韻的発話が対応しますが，前後の文脈に関連性がある場合には，二つ(以上)の文から，一つの音韻的発話が構築されることになり，アメリカ英語における弾音化(Flapping）が，その適用範疇となり，以下のような適用の有無の違いが音韻的発話の構築の違いによって説明可能です（以下，(85), (86) を参照してください）。

(85) [t, d] → [ɾ] / [... V ___ V...]

PU Domain: Phonological Utterance

([ɾ] は弾音を示す）

(86) a. [Turn up the heat. I'm freezing.]$_{PU}$

(...hea [ɾ] I'm...)

（温度をあげてください。私は寒いですから）

b.　[Turn up the heat.]$_{PU}$ [I'm Frances.]$_{PU}$

(*...hea [ɾ] I'm...)

（温度をあげてください。私はフランシスですから）

(Nespor (1987))

(86a) と (86b) の音韻規則適用の有無は，統語範疇の文の単位では説明が不可能ですが，音韻的発話という単位においては，その音韻規則適用の有無が的確に説明することが可能であります。また，この規則適用の違いは，文の前後の文脈関係の違い（語用論的観点）によって，音韻的発話という音韻範疇の構築に違いが出てくるということからも説明されています。すなわち，(86a) では同一の話者による発話であり，前後の文脈に関係がありますが，(86b) では話者が異なり，前後の文脈の関係が見いだされないといえます。

同様の現象は，イギリス英語の代表的な特徴である [r] 音挿入規則 ([r]-insertion rule) にも見られ，この規則適用の有無が，音韻的発話の構築の違いによって説明されます。

(87)　$\phi \rightarrow$ [r] / [...V___ V...]$_{PU}$

Domain: Phonological Utterance

(88) a.　[Close the door I'm freezing.]$_{PU}$

(...doo[r] I'm...)

（ドアを閉めてください。私が寒いですから）

b.　[Close the door]$_{PU}$ [I'm Frances.]$_{PU}$

(*...doo[r] I'm...)

（ドアを閉めてください。私はフランシスがですから）

そして，これらの音韻的発話の構築は，以下に挙げるような条件を満たさなければ適用されないと説明されています。

(89) Pragmatic Conditions (These conditions must be met in order for restructuring to take place (Jensen (1993))
(語用論的条件： 音韻的発話の再構築にはこれらの条件を満たさなければならない)

a. The two sentences must be uttered by the same speaker.
(その二つの文は同じ話者によって発話されなければならない)

b. The two sentences must be addressed to the same interlocutor(s).
(その二つの文は同じ対話者によって述べられなければならない)

(Nespor and Vogel (1986))

(90) Phonological Conditions (These must also be met in order for restructuring to take place (Jensen (1993))
(音韻論的条件： 音韻的発話の再構築にはこれらの条件を満たさなければならない)

a. The two sentences must be relatively short.
(その二つの文は相対的に短くなければならない)

b. There must not be a pause between the two sentences.
(その二つの文の間に休止が存在してはならない)

(Nespor and Vogel (1986))

音律階層の上位から2番目に位置している．音調句については最大の領域は文という統語単位に相当しますが，『息の切れ目』や『意味の切れ目』からさらに小さな単位を**音調句**とする場合があります（以下，(91) を参照)。

(91) a. [The hamster eats seeds all day]$_{IP}$
b. [The hamster]$_{IP}$ [eats seeds all day]$_{IP}$
c. [The hamster]$_{IP}$ [eats seeds]$_{IP}$ [all day]$_{IP}$
（そのハムスターは1日中，種を食べています）
(Nespor and Vogel (1986))

この音調句を音韻規則の適用領域とするものは，英語の鼻音同化規則（nasal assimilation in English）が挙げられます。以下にその例を示すことにします。したがって，英語の鼻音同化規則の適用領域は音韻句でありますので，音韻句を超えてこの規則が適用されることはありません。

(92) a. I'm going to work
→ [I'[ŋ] [g]oing to work]$_{IP}$
（私は働くつもりです／私は仕事へ行きます）
b. I'm glad we're shot of him
→ [I'm glad we're shot of hi*[ŋ]]$_{IP}$ [[G]ood riddance.]$_{IP}$
（彼が出ていって，私は嬉しいです）
(93) a. They want to live in Boston
→ [They want to live i[m] Boston]$_{IP}$
（彼らはボストンに住みたがっています）
b. Of all the towns they want to live in, Boston is the

nicest

→ [Of all the towns they want to live *i[m],]$_{IP}$ [Boston is the nicest]$_{IP}$

（彼らが住みたがっているすべての街の中で，ボストンが一番良い）

次の音韻範疇は，統語論における名詞句（句構造）とほぼ同じ構造が対応していると考えられている音韻句（Phonological Phrase: PP）と音韻語（Phonological Word: PW）の間に位置する接語グループ（Clitic Group: CG）であります。この接語グループを適用領域とする音韻規則は英語の口蓋化規則（English Palatalization）が挙げられますが，この英語の口蓋化規則は，後語彙部門においてはその適用領域を接語グループとしていますが，語彙部門においては音韻句より小さな単語レベルに対応している音韻範疇である音韻語でも適用領域となります。

しかし，語彙部門においては音韻句においての英語の口蓋化規則の適用は，範疇的（categorical）であり，これはこの音韻規則の適用が有るか，無いかの明確な区別が存在することを示す一方，後語彙部門における英語の口蓋化規則の適用は漸次的（gradient）であり，これは音韻規則の適用結果が完全かものから不完全なものまでの段階的に現れるというものであります。

(94) 英語の口蓋化規則（English Palatalization）

[s] →[ʃ] / [___[j]]$_{CG}$

Domain: Clitic Group（CG：接語グループ）

(95)　〈語彙部門〉　〈後語彙部門〉

a. [[mission]$_{PW}$　b. [miss you]$_{CG}$

[s] [j] →[ʃ]　[s] [j] →[ʃ]

[s] [j] →[s] [j]

適用形式：範疇的（絶対的）　漸次的（段階的）

また，Bush (2001) でも，以下に見られるように，使用頻度の低い (96a) の場合には，2 語にまたがる口蓋化（palatalization）が適用されず，使用頻度の高い (96b) では適用されていると指摘しています。

(96) a. ... they didn't talk good you know.

([d] [j])$_{CG}$ →[dj]（no palatalization)

（いい話なかったんだよ）

b. Would you like me to teach you how to swim?

([d] [j] →[dʒ])$_{CG}$　(palatalization)

（あなたは私にに泳ぎ方を教えてほしいですか）

c. [W]ord boundary palatalization is more likely between two words if these words occur together with high frequency.

（語境界を越えた口蓋化は，これらの単語が共に高い頻度で起きれば，より適用されやすい）

(Bush (2001))

この Bush (2001) の指摘は使用頻度に基づく，口蓋化規則適用の度合いの違いを説明する一方，発話速度の違いによって，形成される接語グループ（CG）の領域の相違に基づいて，的確に説明が可能であり，口蓋化の現象は (98) のようにまとめられます (Φは休止を示します)。

(97) a. Low frequency（使用頻度が低い）: [d] [j] → [dj]
(good)$_{PW}$ Φ (you)$_{PW}$ → (good)$_{CG}$ (you)$_{CG}$
b. High frequency（使用頻度が高い）: [d] [j] →[dʒ]
(Would)$_{PW}$ (you)$_{PW}$ → (Would you)$_{CG}$

(98)

(1)	Obligatory palatalization :	Internal Words	
	(義務的口蓋化)	(語内部)	
(2)	Optional palatalizaion I :	High frequency	→ applied
	(随意的口蓋化：語を越えた領域)	(高い頻度)	(規則適用)
(3)	Optional palatalization II :	Low frequency	→ not applied
	(随意的口蓋化：語を越えた領域)	(低い頻度)	(規則不適用)

さらに，Hayes (1989) では，接語グループによって (Clitic Group: CG)，語末の [v] 削除規則 ([v]-deletion rule) の規則の適用の有無が説明されています。しかし，CG 内でのみ適用されていた規則が，実際には発話速度が速くなれば，CG の領域を越えても適用されていることが分かり (CG の再構築化)，これは決して，統語範疇では説明できないものであります。

(99) [v] → ϕ / ___ # C

(Selkirk (1972))

(100) a. [Please]$_{CG}$ [leave them]$_{CG}$ [alone]$_{CG}$
[v]
(どうか彼らをほおっておいてください)

b. [Will you save me]$_{CG}$ [a seat?]$_{CG}$

[v]

（どうか私に席をとっておいてください）

(101) a. [Give]$_{CG}$ [Maureen]$_{CG}$ [some]$_{CG}$

*[v]

（モーリーンにいくつかあげてください）

b. [We'll save]$_{CG}$ [those people]$_{CG}$ [a seat]$_{CG}$

*[v]

（私たちはその人々のために席をとっておきます）

(Hayes (1989))

(102) a. [Give]$_{CG}$ [Maureen]$_{CG}$ [some]$_{CG}$

→ [Give Maureen]$_{CG}$ ...

[v] (Restructuring: fast speech only)

b. [We'll save]$_{CG}$ [those people]$_{CG}$ [a seat]$_{CG}$

→ [We'll save those people]$_{CG}$ ...

[v] (Restructuring: fast speech only)

(Selkirk (1972))

さらに，接語グループを音韻規則の適用領域とするものとして，先に述べた英語の口蓋化規則と同様に次の口蓋化（palatalization）も挙げることができます。この規則の定式化は次のように示されます。

(103) [s, z] → [š, ž] / ___ [š, ž]

(104) a. [his shadow]$_{CG}$

[ž]

（彼の影）

b. [is Sheila]$_{CG}$ [coming?]$_{CG}$

[ž]

（シーラは来ていますか）

c. [as shallow]$_{CG}$ [as Sheila]$_{CG}$

[ž] [ž]

（シーラと同様に浅はか）

(105) a. [Laura's]$_{CG}$ [shadow] (normal rate of speech)

*[ž]

（ローラの影）

b. [he sees]$_{CG}$ [Sheila]$_{CG}$ (normal rate of speech)

*[ž]

（彼はシーラを見ている）

c. [those boys]$_{CG}$ [shun him]$_{CG}$

*[ž] (normal rate of speech)

（あれらの少年は彼をさけている）

（Jensen（1993））

(106) a. [Laura's]$_{CG}$ [shadow] (fast or sloppy speech)

[ž]

b. [he sees]$_{CG}$ [Sheila]$_{CG}$ (fast or sloppy speech)

[ž]

c. [those boys]$_{CG}$ [shun him]$_{CG}$

[ž] (fast or sloppy speech)

（Jensen（1993））

これらの現象も，[v] 削除規則（[v]-deletion rule）と同様に，接語グループの適用領域の発話速度のよる再構築化ということによって説明が可能です。そこで，西原 (2002) では，これらの現象を説明するのに，以下のような制約の提案をしています。

(107) Clitic Group Restructuring（CGR: 接語グループ再構築）
一定の発話速度を越えた速い発話 (rapid speech) において，CG は再構築される。
$[X...]_{CG}$ $[Y...]_{CG}$ → $[X... Y...]_{CG}$ (fast speech only)
(西原 (2002))

次に，英語の強勢の衝突を避けるための音韻規則として，有名なリズム規則 (Rhythm Rule: RR)，すなわち，thirtéen mén → thírteen mén（W S S → S W S）のような英語に好ましい強弱リズム（SW / SWS）を作り出すものであり，この規則はさまざまな観点から，その適用の有無が説明されてきています。

たとえば，Hayes (1989) では，同じ名詞句内にある $[\text{Chinése díshes}]_{NP}$ は RR が適用されて $[\text{Chínese díshes}]_{NP}$ となりますが，異なる名詞句に属する $[\text{Chinése}]_{NP}$ $[\text{díshes}]_{NP}$ は RR が適用されることはないと，統語的観点からの説明が可能であるとしながらも，音律音韻論では，先に述べた統語情報をもとにして構成される音律範疇 (Prosodic Categories) の一つである音韻句 (PP) によっても説明が可能であるとしています。この場合，前者の構造は一つの PP に属しているために RR が適用されるとし $(\text{Chínese díshes})_{PP}$，一方，後者は異なった PP に属しているとして，その適用が阻止されていると説明できるとしていると説明されます $(\text{Chinése})_{PP}$ $(\text{díshes})_{PP}$。

(108)
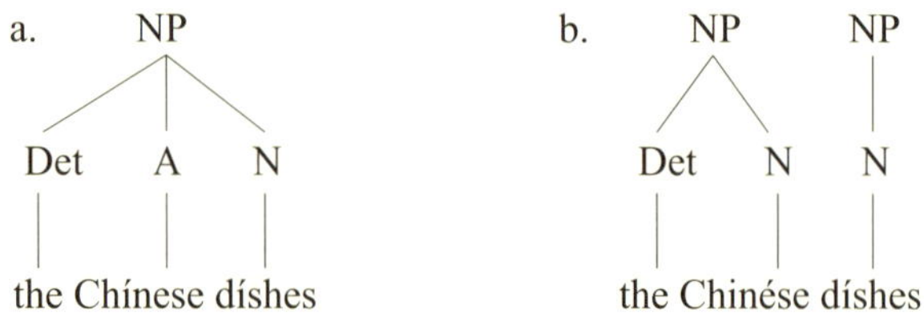

(109)
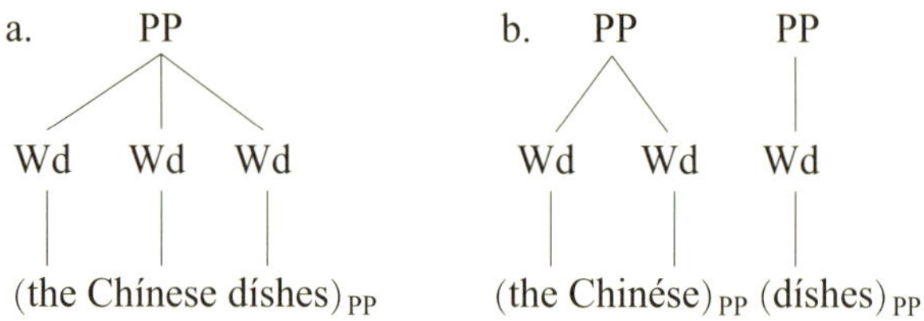

そして，Hammond (1999) はこれらの RR の漸次的適用（条件を満たしていても規則適用を受けやすいものとそうでないものが併存すること）を，先行する語（第一要素）の使用頻度によって，説明をしています。すなわち，先行する語が使用頻度の高い語は RR が適用しやすく (ántique book)，使用頻度の低い語の場合は (arcáne book)，適用されにくくなると指摘しています。

そこで，RR の適用範囲である PP の発話速度による再構築の観点から説明を行ことができます。すなわち，上記で述べた使用頻度の高い先行語と後続語の間の休止の長さは短く，使用頻度の低い先行語と後続語の間の休止は長くなるということから，前者は一つの PP を構成 $(\text{ántique book})_{PP}$ する一方，後者は二つの PP を構成 $(\text{arcáne})_{PP}$ $(\text{book})_{PP}$ していると考えることによって，RR の適用の有無の漸次性を的確に説明できることになります。

(110) a.　使用頻度大（休止が短い）：　(ántique book)$_{PP}$

b.　使用頻度小（休止が長い）：　(arcáne)$_{PP}$ (book)$_{PP}$

また，英語のリズム規則においても，その規則適用の度合いは，英語のリズム特有の「等時性」とは関係なく，実際にかかる「物理的時間」が関わっていると，Hayes (1984) で，以下のように述べられています（太字は筆者によるもの）。

(111) Hayes also suggests in appendix that the spacing requirement of eurhythmy counts not syllables but **actual time**.

（ヘイズもまた好韻律性を保持しようとする要求が音節数を考えるのではなく実際の音節間の時間であると主張しています）

(Hayes (1984))

さらに，Kaisse (1990) でも，同様の主張がなされており，以下のような図示が行われています（アクセントマークは筆者によるもの）。

(112) Rhythm Rule in English（英語のリズム規則）

a.　Tennessée abbreviátions (adjustment least likely: 適用率小)

b.　Tennessée legislátion　↑

c.　Tennessée connéctions　↓

d.　Tennessée rélatives (adjustment most likely: 適用率大)

(Kaisse (1990))

また，Kean (1977) では，英語の失語症患者における脱落要素の分析において，音韻範疇で最も小さな音韻単位である（音節以下の単位を除く）音韻語（Phonological Word: PW）という概念を用いて，その説明を試みていました。

Kean (1977) は，Siegel (1974) によって提唱された，語（語基）との結び付きが強く，強勢移動を引き起こすことがある接尾辞を，クラスⅠ接尾辞と，語基との結び付きが強くなく，強勢移動を引き起こさないような接尾辞である，クラスⅡ接尾辞の役割を区別しました。

そこで，Kean (1977) は，クラスⅠ接尾辞は，以下に見るように先行する語（語基）に取り込まれ，一つの音韻語を形成するのに対してクラスⅡ接尾辞は，取り込まれることがなく，音韻語の外側に置かれることとなり，この部分（クラスⅡの ness）が脱落する要素であるという予測をし，実際に，英語の失語症患者の症例と一致することとなり，音韻語の妥当性が示されることとなります。

(113) a. [# [# definite +] ive #]（クラスⅠ）
→ (definite ive)$_{PW}$
b. [# [# definite #] ness #]（クラスⅡ）
→ (definite)$_{PW}$ ~~(ness)~~

(Kean (1977))

この音韻語の役割とその形成については，Booij and Rubach (1984) においても提案がなされており，彼らによれば，クラスⅠ接辞はこう着接辞（cohering affixes）とよばれ，前の音韻語に吸着され，クラスⅡ接辞（non-cohering affixes）とよばれ，前の音韻語とは独立して，新たな音韻語を形成すると指摘されています。

(114) a. cohering affixes : -ity

b. non-chohering affixes : -un

c. (un)$_{PW}$ (grammatical-ity)$_{PW}$

(Booij and Rubach (1984))

さらに，Szpyra (1989) においても，同じように，クラスI接辞とクラスII接辞の違いが，以下のようにして定義，定式化がなされていますが，その働きと機能は，Booij and Rubach (1984) とほぼ同じものであります。

(115)

	Suffixes	Prefixes
Class I	+ X	X +
Class II	[+ X]	[X +]

[ ]→([ ])$_{PW}$

(Szpyra (1989))

これらによって，"ungrammaticality" という語は以下のように派生されることになります。

(116) Lexicon (grammatical)$_{PW}$

Class I (grammatical + ity)$_{PW}$

Class II (un)$_{PW}$ (grammatical + ity)

そしてまた，(117), (118) のように定義することによって，英語の失語症患者における，その他の脱落要素についても，説明を試みていました。

(117) ... function words, like the plural marker *-s* and the nominalization suffixes *-ness* and *-ing*, are not phono-

logical words. (Kean (1977))

（名詞化作り出す接尾辞である，-ness，-ing や複数形を示すような機能語は，音韻語ではない）

(118) Items which are not phonological words tend to be omitted in the language of Broca’s aphasics.

(Kean (1977))

（音韻語ではない要素は，ブローカ失語症患者の言語において，削除される傾向がある）

上記の定義にしたがって，英語の失語症患者の脱落要素である，音韻語の外側に位置する機能語である屈折接尾辞や，冠詞などの脱落も，以下のようにして，的確に説明することができます。

(119) a. [# [# look #] s #] → (look)$_{PW}$ (~~s~~)
b. [# [# look #] ing #] → (look)$_{PW}$ (~~ing~~)
c. [# the [# book #] #] → (~~the~~) (book)$_{PW}$
d. [# [# look #] ed #] → (look)$_{PW}$ (~~ed~~)

このように，音韻語という単位を定義することによって，失語症患者の発話を的確に説明できることから，この音韻語という音律的単位は妥当なものであると考えられます。

さらに，のち提唱される音韻理論である最適性理論（Optimality Theory）でも，この音韻語という概念はまた，音律語（prosodic word）などと呼ばれ，その理論の枠組みの中心的概念となります。

第 2 章

音韻論と統語論のインターフェイス

2.1. wanna 縮約

本節では，音韻規則の適用に関して，統語論の要素がどのように関わってくるのか，また関わりがあるとすればどのように関わってくるのか，それとも関わりというものが無視されるべきものなのかを概観することにします。

代表的な，音韻規則と統語論との関わりの例としては，wanna 縮約（wanna-contraction）を取り上げることができます。そこで，以下の例を参照してください。

(1) a. want to → wanna

(2) a. Who do you want to see?
→ Who do you wanna to see?
（あなたは誰を見たいのですか）

b. Who do you want to see Bill?
→ Who do you *wanna see Bill?
（あなたは誰にビルを見てほしいですか）

(1) で示された定式の条件を満たし，(2a, b) のいずれもがしたがっているにもかかわらず，(2b) の例のみが，wanna 縮約を認められていません。

この規則適用の違いは，統語的要素の存在によって，説明することができ，(2a) では，want to の間には統語的な何の要素も存在せず，完全に二つの語は隣接しているのに対して，(2b) では，文頭に移動した Who が本来，want と to の間に介在して，文頭に移動した後にも want と to の間に痕跡（trace: *t*）を残しており，この痕跡が want と to の隣接を妨害して，規則適用を阻止していると説明されます（(3) を参照）。

(3) a. Who do you want *t* to see you?
b. Who do you want *t* to see Bill?

同じような例としては，以下のような代表的な例文もあります。

(4) a. Teddy is the man I want to succeed.
b. Teddy is the man I wanna succeed.

この文でも，wanna 縮約は起きますが，それは，次のように，二つ文である可能性があり，それらは痕跡のある位置が異なります。(5b) の文の解釈が可能で，痕跡位置が文末にある場合のみに縮約が可能となります。

(5) a. I want Teddy to succeed.
（私はテディーに成功してほしい）
→ Teddy is the man I want *t* to succeed. (→*wanna)
b. I want to succeed Teddy.
（私が後を継ぎたいのははテディーです）
→ Teddy is the man I want to succeed *t*. (→ wanna)
(Dogil (1984))

しかし，実際には，以下に指摘されるように発話速度によって痕跡が無視されて規則の適用が見られる場合が存在するのも事実です。

(6) We might suppose that in sloppy speech style, intervening traces are ignored, and so do not suffice to

block contraction.

(われわれのだらしない発話においては，介在する痕跡は無視され，縮約を阻止することはできないと提唱できる)

(Radford (1997))

したがって，(2) の wanna 縮約の適用は，二つの音調句 (IP) が再構築されて，一つの音調句 (IP) になるということで，音韻的観点からも，的確に説明ができる場合が以下のようにあります。

(7) a. $(\text{Who})_{\text{IP}}$ $(\text{do you want})_{\text{IP}}$ $(t \text{ to kiss Bill?})_{\text{IP}}$

b. $(\text{Who})_{\text{IP}}$ $(\text{do you wanna kiss Bill?})_{\text{IP}}$

(in sloppy style speech: だらしない発話において)

2.2. 助動詞縮約 (Be 縮約)

助動詞縮約 (Be 縮約) の現象を以下に概観することにします。まず最初は，一般的な助動詞縮約 (Be 縮約) の現象の例文を列挙します。

(8) a. Jack's a doctor. (is)

(ジャックは医者です)

b. Jack's been studying anatomy. (has)

(ジャックは解剖学を勉強しています)

c. Jack's disturbed by loud noises. (is)

(ジャックは大きな雑音によって心をかき乱されています)

d. Jack's to be on the eight o'clock bus. (has)

(ジャックは 8 時のバスに乗らなければならない)

e. He'd better not miss it. (had)

（彼はそれに乗り遅れないほうがいいですよ）

f. You've heard me say so. (have)

（あなたは私がそのように言ったと耳にした）

(Kaisse (1985))

一方，小野（2012）では，以下のような2文を提示して，be動詞の縮約が可能な場合と，そうでなく阻止される例を痕跡（trace: [*t*]）を用いて的確に説明をしています。

(9) a. I don't know when the concert is in the hall *t*.

→ I don't know when the concert's in the hall.

（私はそのホールのコンサートいつなのか知りません）

b. I don't know where the concert is *t* on Friday

→ *I don't know where the concert's *t* on Friday.

（私はそのコンサートが金曜日にどこであるのか知りません）

（小野（2012a））

上記では，痕跡*t*がbe動詞のあとにない（a）ではbe動詞の縮約は可能ですが，be動詞あとに，痕跡*t*が存在する（b）では縮約は阻止されることになります。

次には，先に見た痕跡が，接語化（Clitics）という主に内容語と機能語やその一部である屈折接辞が合体してできる現象に基づく，縮約形が適格な場合と不適格な場合が存在するので，それらを概観することにします。

最初に，助動詞（be動詞を含む）の後続要素であるWh移動や消去変形などによって削除された場合に，縮約が阻止されている例を以下に示します（削除された要素の位置は痕跡（trace: *t*）の代わりに，___で示しています）。

(10) a. I wonder where Gerald {is/*'s} ___ today.
（私はジェラルドが今日，どこにいるのかと考えています）

b. Who is hungry? John {is/*'s} ___ most of the time.
（誰がおなかが減っていますか。ジョンはいつも減っています）

c. I wonder how much wine there {is/*'s} ___ in the bottle.
（私はそのビンの中のワインはどれくらい残っているのかと思っている）

d. You'll need some, and I {will/*'ll} ___ too. (King (1970))
（あなたはいくつか必要だし，私も同様に必要です）

e. I wonder where the party {is/*'s} ___ tonight. (Wiese (1987))
（私はパーティーが今夜どこであるのかと考えています）

f. You are leaving and he {is/*'s} ___ too.
（あなたは去ろうとし，そして彼も去ろうとしている）

g. It's not so much the heat as it {is/*'s} ___ the humidity. (Kaisse (1985))
（暑いというよりもむしろムシムシと蒸し暑い）

h. John will select Bill and Mary{will/*'ll} ___ you.
（ジョンはビルを選ぶだろうし，メアリーはあなたを選ぶだろう） (小野 (2012b))

以下では，関係詞化（Relativization），話題化（Topicalization），動詞句削除（VP Deletion），重名詞句移動（Heavy NP Shift）における縮約が阻止される例を見てみます。

(11) a. Sandy is polite to strangers, which I doubt very much that Terry {is/*'s} ___.
(サンディーは知らない人に礼儀正しいが，テリーが他人に礼儀正しいのかと私はとても疑っています)

b. They're not Communists, but Socialist, they {are/*'re} ___. (Sag (1978))
(彼らは共産主義者ではないが，まさに社会主義者ではあります)

c. A: Is this a fish?
B: Yes, it {is/*'s}[$_{VP}$ ___ a fish]
(これは魚ですか? はい，それは魚です)
(小野(2012b))

d. Mary {is/*'s} ___ after Jane the best athlete in the team.
(メアリーはジェーンの次にその組のなかで最も優れた運動選手です) (高橋(1986))

e. Jack {is/*'s} ___ to Mary the dearest friend in the world. (Kaisse (1983))
(ジャックはメアリーにとって世界中で最も仲のよい友人です)

もちろん，最後の二つの例（11d, e）では，以下のような重名詞句移動が適用されていないような類似文では，強形（独立形）と同時に縮約も可能となります。

(12) Jack {is/'s} a good friend to Mary.
（ジャックはメアリーにとって良い友人です）

さらに，次に見られるような助動詞の移動による削除位置が存在する場合においても，同様に縮約は阻止されることになります。

(13) a. Should I ___ {have/*'ve} called the police?
（私はその警官に連絡するべきだったでしょうか）
b. Will we ___ {have/*'ve} finished by 4 o'clock?
（われわれは4時までに終了できたでしょうか）
c. Would you ___ {have/*'ve} wanted to come with me?
（私と一緒に行きたかったでしょうか）
d. Could you ___ {have/*'ve}done something to help?
（お手伝いするために何かしていただけましたでしょうか）
(Radford (1988))

しかし，以下のような例が挙げられるように，関係詞節を含む構文において，削除位置（痕跡）が存在する場合でも，縮約が阻止されずに，適用されている場合があります。

(14) a. [The man (whom) you met ___]'s just arrived.
(has) (Kaisse (1983))
（あなたが出会ったその男性がちょうど到着しました）

b. [The woman that you saw ___]'s my sister. (is)

(Wood (1979))

(あなたが見たその女性は私の妹です)

最後には，助動詞の右側に統語的な要素である削除位置がなくても，以下に見られるように助動詞（be 動詞）が同一的（Identification），すなわち A＝B の意味関係を持つ場合は，助動詞の後ろに音調の区切りがあり，休止（pause）が生じている場合は縮約は生じません（Φ は休止を示します）。

(15) a. His thought {is/*'s} Φ to come here tomorrow.

(彼の考えは明日，ここに来ることです)

b. His plan {is/*'s} Φ to come here tomorrow.

(彼の計画は明日，ここに来ることです)

c. His hobby {is/*'s} Φ going to parks.

(彼の趣味は，公園に行くことです)

(Kuno (1977))

同じように，挿入節形成（Parenthetical Formation）のがある場合いにも，以下のように縮約は阻止されています。これも先の例と同様に削除位置は存在しませんが，挿入節と母型文との間に休止が存在するために，縮約が阻止されると考えられます。

(16) a. Here's something that {will/*'ll} Φ I think Φ surprise you.

(ここに私が思うに，あなたを驚かせるものがなにかあります)

b. John {is/*'s} Φ they say Φ a bastard.
（ジョンはいやなやつだと言われています）
(Lakoff (1972))

先に見たように，音韻規則適用に統語的要素である痕跡が阻止した場合を見ましたが，次にあげる音韻規則類は，wanna 縮約などとは異なり，統語論の要素である痕跡の存在を無視して，規則の適用が見られるものです。

(17) Flapping（弾音化）
a. Who did you mee[ɾ] *t* afterwards?
（その後，あなたは誰に会いましたか）
b. The man I me[ɾ] *t* afterwards was Zombaluma.
（その後，私が出会ったその男は，ゾンバルムでした）

(18) Linking-[r]（つなぎの [r]）
a. What do you prefe[r] *t* instead?
（あなたが代わりに好んだものは何ですか）
b. I can't imagine what they would wea[r] *t* otherwise.
（私にはそのほかに彼らが何を身につけたのかを想像はできません）

(19) Intrusive-[r]（かん入の [r]）
a. I met the man that Arthur saw-[r] *t* in the park.
（私はアーサーがその公園で見たその男に出会った）
b. Who did Picasso draw-[r] *t* on the horse?
（ピカソはその馬に乗った誰を描いたのでしたか）

(20)　Rhythm Rule（リズム規則）

a.　What are they going to éxport *t* néxt?　(<éxport)
（彼らが次に輸出しようとしているのは何ですか）

b.　The picture that I'm going to réproduce *t* láter is that of Yanis.　(<reprodúce)
（私が後に再生しようとしている絵は，ヤヌスの絵です）

c.　They asked me which story you are going to répresent *t* nów.　(<représent)
（彼らはあなたが今どのような物語を描こうとしているのかを尋ねた）

(Nespor and Scorretti (1984))

(21)　Raddoppiamento Sintattioco（統語的子音長音化規則）

a.　Cosa filmerá t_{wh} [d:]omani?　(<[d]omani)
'What will he film tomorrow?'
（彼は明日，何を撮影しようとしているのですか）

b.　Filippo è ilcavallo che Monteró t_{wh} [d:]omani.　(<[d]omani)
'Filippo is the horse that I will ride tomorrow.'
（フィリポは私が明日，乗ろうとしている馬です）

(Nespor and Vogel (1986))

(22)　Gorgia Toscana

a.　Chi hai fotografato t_{wh} [h]ol pappagallo sulla spalla?
(<[k]ol)
'Who did you take a picture of with the parrot on his shoulder?'
（あなたは彼の肩にオウムを乗せた誰の写真を撮ったのです

か)

b. Questi sono I picchiche abbiamo comprato t_{wh} [h]ol sussidio statale. (<[k]ol)

'These are the woodpeckers that we bought with the national grant.'

(これらは国の補助によってわれわれが買ったきつつきです)

(Nespor and Vogel (1986))

(23) Nasal Assimilation in Spanish

a. Què come[m] t_{wh} para navidad las Tortugas? (<come[n])

'What do turtles eat for Chiristmas?'

(かめはクリスマスに何を食べていますか)

b. Este es el coyote que fotografia [m] t_{wh} para la rivista. (<fotografia[n])

'This is the coyote that they are taking a picture of for the magazine.'

(これは彼らがその雑誌のため撮ったコヨーテの写真です)

(Nespor and Vogel (1986))

c. Que canta[m] t_{wh} para navidad?

'What do they sing for Christmas?'

(彼らはクリスマスに何を歌いますか)

d. Que cosa prepara[m] t_{wh} para la comida?

'What do they prepare for dinner?'

(彼らは夕食のために何の準備をしますか)

(Nesper and Scorretti (1985))

(24)　Stress Retraction in Italian（イタリア語強勢回避）

a.　Ho giá captio quelloche fáro t_{wh} dópo. (< faró)

‘I’ve already understood what I will do afterward.’

（私は私が以後に何をするであろかということはすでに理解しています）

b.　Ci si domandacosa fára t_{wh} dópo.（<fará）

‘One wonders what he’ll do afterward.’

（人々は彼が以後に何をするのかと考えています）

(Nespor and Vogel (1986))

(25)　Brazilian Destressing（ブラジル語強勢弱化）

a.　Nao se o quem eleviu t_{wh} agora.（viu → vju）

‘I don’t know who he saw now.’

（私は彼が今誰を見たのかを知らない）

b.　O omen quem ele viu t_{wh} agora chegou.（viu → vju）

‘The man that he saw now arrived.’

（彼が今見たその男は到着した）

(26)　Palatalization in English（英語の口蓋化）

a.　I can’t understand what it i[dʒ] t_{wh} you’re saying.

（私はあなたが言っていることが何かを理解することができません）

b.　I didn’t like the apartment I looked a[ʧ] t yesterday.

（私は私が昨日見つけたそのアパートは好きではなかった）

（西原(1992)）

また，以下における統語要素の空所化（gapping: ϕ）においても口蓋化規則の適用の有無に関して，適用の割合が異なり，空所化のある文 (b) における口蓋化規則の適用率は，空所化のない文 (a) よりも低くなっている。

(27) a. The seamstress wove your hat and then ma[d]e [y]our scarf.
(その女裁縫士はあなたの帽子を編み，それからあなたの襟巻きも作った)

b. The seamstress wove your hat and the mai[d] ϕ [y]our scarf. (ϕ=wove)
(その女裁縫士はあなたの帽子を編み，そしてそのお手伝いはあなたの襟巻きを作った)

(28) a. The porter took your bags and weighe[d] [y]our luggage.
(その赤帽はあなたのかばんを運び，そしてあなたの荷物の重さを測った)

b. The porter took your bags and Wa[d]e ϕ [y]our luggage. (ϕ=took)
(その赤帽はあなたのかばんを運び，そしてウエイドはあなたの荷物を運んだ)

(29) a. The chef fixed the soup and then ma[d]e [y]our sandwich.
(そのコックはそのスープを調理し，それからあなたのサンドウィッチも作った)

b. The chef fixed the soup and the mai[d] ϕ [y]our sandwich. (ϕ=fixed)
（そのコックはそのスープを調理し，そしてそのお手伝いはあなたのサンドウィッチを作った）

(30) a. The head teacher will help your daughter and then ai[d] [y]our son.
（その校長はあなたの娘を手助けし，それからあなたの息子も手助けする）

b. The head teacher will help your daughter and the ai[d]e ϕ [y]our son. (ϕ=will help)
（その校長はあなたの娘を手助けし，そしてその助手があなたの息子を助ける）

(31) a. The bus driver will take your brother and then gui[de] [y]our sister.
（そのバスの運転手はあなたの弟を連れていき，それから妹にも同行するでしょう）

b. The bus driver will take your brother and the gui[de] ϕ [y]our sister. (ϕ=will take)
（そのバスの運転手はあなたの弟を連れていき，そしてガイドはあなたの妹を連れていくでしょう）

(32) a. The hostess will show your aunt and then Tom will gui[d]e [y]our uncle.
（その女性接客係はあなたのおばを案内するし，それからトムはあなたのおじを案内するでしょう）

b. The hostess will show your aunt and the touring gui[d]e ϕ [y]our uncle. (ϕ=will show)
（その女性接客係はあなたのおばを案内するでしょうし，そしてその旅行ガイドはあなたのおじを案内するでしょう）

(33) a. Aunt Bessie took your fruit and my uncle weighe[d] [y]our vegitables.
（おばのベッシーは果物を持っていき，そして私のおじは野菜の重さを測った）

b. Aunt Bessie took your fruit and my Uncle Wa[d]e ϕ [y]our vegetables. (ϕ=took)
（おばのベッシーは果物を持っていき，そして私のおじのウエイドは野菜の重さを測った）

(34) a. The intern will help your father and the nurse will ai[d] [y]our mother.
（その研修医あなたの父を助けるだろうし，そしてその看護師はあなたの母を助けるでしょう）

b. The intern will help your father and the nurse's ai[d]e ϕ [y]our mother. (ϕ=will help)
（その研修医あなたの父を助けるだろうし，そしてその看護師の助手はあなたの母を助けるでしょう）

(Cooper and Paccia-Cooper (1980))

これらの例における，口蓋化が起きる割合を，表にして図示すると以下のようになり，あきらかに空所化を持つ例文の口蓋化が起きる割合が，空所化を持たない例文に比べて明らかに低いことが分かります。

(35)　Percentage of Palatalization（口蓋化の適用率）

Sentence Group	Nondeleted (a)	Deleted (b)
(27)	70	40
(28)	50	30
(29)	60	50
(30)	60	30
(31)	50	30
(32)	60	30
(33)	40	20
(34)	60	30
Mean	56	32

（Cooper and Paccia-Cooper (1980) を一部改変）

この空所化（gapping: ϕ）はまた，以下に見られるような弾音化 (Flapping) の適用の有無にも大きくかかわっていることが分かります。それゆえ，次に挙げられる例文でも，同じような傾向が見られます。

(36) a.　John likes to have both eggplant and veal for dinner and Pa[t] eats fish for lunch.
（ジョンは夕食に小牛やなすを食べ，そしてパットは昼食に魚を食べます）

b.　John wants to try both eggplant and veal for dinner and Pa[t] ϕ each dish for lunch.（ϕ=eats）
（ジョンは夕食の小牛やなすも食べてみたいし，パットは昼食でそれぞれの料理を食べてみたい）

(37) a. Jake likes to play with Uncle Henry's puppy and pa[t] Aunt Mary' kitten.
(ジェイクはおじのヘンリーの子犬と遊ぶのが好きで，そしておばのメアリーの子猫をポンとなでるのも好きです)

b. Jake likes to play with Uncle Henry's puppy and Pa[t] ϕ Aunt Mary's kitten. (ϕ=likes to play with)
(ジェイクはおじのヘンリーの子犬と遊ぶのが好きで，そしてパットはおばのメアリーの子猫と遊ぶのが好きです)

(38) a. Jeff had two apples with his coffee and Pe[t]e ate bananas with his milk.
(ジェフはコーヒーといっしょに二つのリンゴ食べ，そしてピートはコーヒーといっしょにバナナを食べた)

b. Jeff had two apples with his coffee and Pe[t]e ϕ eight bananas with his milk. (ϕ=ate)
(ジェフはコーヒーといっしょに二つのリンゴ食べ，そしてピートはコーヒーといっしょに 8 本バナナを食べた)

(39) a. I plan to fly into town on Friday and we'll mee[t] on Saturday.
(私は金曜日に町へ飛行機で行く予定をして，そして私たちは土曜日に会います)

b. The swimming practice was held on Friday and the mee[t] ϕ on Sunday. (ϕ=was held)
(水泳の練習は金曜日に行われ，そして大会は土曜日に開催されました)

(Cooper and Paccia-Cooper (1980))

(36)-(39) の例で，(b) の空所化を持つ例文は弾音化が (a) と比べると明らかに生起率は低くなっています。空所化が弾音化を阻止しているという傾向にあるということになります。これらを表にまとめると以下のようにまとめられます。

(40) Percentage of Flapping（弾音化適用率）

sentence pair	Nondeleted (a)	Deleted (b)
(36)	50	10
(37)	40	0
(38)	50	0
(39)	70	20
Mean	52.5	7.5

（Cooper and Paccia-Cooper (1980) を一部改変）

さらに，弾音化は統語的情報に関わる規則であり，次のような明確な違いが存在することによって，規則適用の有無に大きな違いが見られます（文中の / は文の切れ目を示します）。

(41) a. Steven said that la[t]e applications should be sent to the Dean's office.
(スティーブンは遅れた申し込み書を学部長室に送るべきだと言った)

b. Even if they're la[t]e / applications should be sent to the Dean's office.
(それらが遅れたとしても，申し込み書を学部長室に送るべきです)

(42) a. If you like to kni[t] a lot the store downtown has yarn on sale.
(もしあなたが毛糸を編むのがとても好きなら，市街地のお店で毛糸を特売しています)

b. If you like to kni[t] / a lot of stores downtown have yarn on sale.
(もしあなたが毛糸を編むなら，多くの市街地のお店が毛糸を特売しています)

(43) a. For those of you who'd like to ea[t] early lunch will be served. (lunch will be served early)
(食事を早くしたい人には昼食が早く振る舞われるでしょう)

b. For those of you who'd like to ea[t] / early lunch will be served. (some people like to eat early)
(食事をしたい人のためには，昼食が早く振る舞われるでしょう)

(44) a. If you want something swee[t] oranges are a good choice. (oranges that are sweet)
(もしあなたがなにかほしいなら，甘いオレンジがいいですよ)

b. If you want something swee[t] / oranges are good choice. (if you want something sweet)
(もしあなたがなにか甘いものがほしいなら，オレンジがいいですよ)

(Cooper and Paccia-Cooper (1980))

これらの例で，(a) はその統語的境界が弱いものである一方，(b) のほうは文の境界となっているので，強い統語的境界と考えられます。

そこで，これらの違いを簡潔に図示すると以下のようになります。

(45) Percentage of Flapping（弾音化適用率）

Sentence pair	weak boundary (a)	Strong boundary (b)
(41)	80	0
(42)	80	0
(43)	40	0
(44)	40	0
Mean	60	0

（Cooper and Paccia-Cooper (1980) を一部改変）

また，さらに弾音化が，統語的要因によって適用の有無が左右されている例を以下に挙げてみます。

(46) a. The little kid with **the** cu[t] alarmed us with all his screaming.
(傷のあるその小さな子供はかれの叫び声でずっとわれわれに警告していた)

b. The little kid who **got** cu[t] alarmed us with all his screaming.
(傷をおったその小さな子供はかれの叫び声でずっとわれわれに警告していた)

(47) a. The man with **the** ne[t] announced that he was going fishing.
(網を持ったその男は彼が魚釣りに行くと話した)

b. The man who **had** be[t] announced that he was losing money.
(賭けをしたその男は彼がお金を失ったと話した)

(48) a. The woman with the **winning** be[t] agreed to give us part of the money.
(勝った賭け金を持ったその女はわれわれにそのお金の一部を与えることに同意していた)

b. The woman who had **won** the be[t] agreed to give us part of the money.
(賭けに勝ったその女はわれわれにそのお金の一部を与えることに同意していた)

(49) a. Every person **with** a pe[t] advised us to get one ourselves.
(ペットを連れてきたすべての人はわれわれに自らもペットを飼うようにと忠告した)

b. Every kid who **had** a pe[t] advised us to get one ourselves.
(ペットを飼っているすべての子供はわれわれに自らもペットを飼うようにと忠告した)

上記の例文で，(a) は弾音化の起きる前の位置（太字部分）で節を明示しないような要素（動詞以外の要素）が先行しているのに対して，(b) では節を明示する動詞が先行しているという統語的構造に違いがあり，前者の場合，弾音化の生起の割り合いは高く，後者の場合，弾音化の生起の割り合いは低いということが分かります。

その割り合いは，簡潔に以下の表に図示することができます。

(50) Percentage of Flapping（弾音化の適用率）

Sentence Pair	No S marker (a)	S marker (b)
(46)	50	20
(47)	80	40
(48)	60	10
(49)	90	50
Mean	70	30

(Cooper and Paccia-Cooper (1980) を一部改変)

さらに，このように統語的要因によって，その適用の有無が関わってくる弾音化規則は，以下に見られるように，文中において，単語の最初の部分では生じないという制約も受けています。

(51) a. a [t]omato (*a [ɾ]omato)
b. We grow [t]omato. (*grow [ɾ]omato)
（われわれはトマトを育てます）　(Kaisse (1985))

2.3. 重名詞句移動と音韻論

また，一般的に，重名詞句移動 (Heavy NP Shift) は Ross (1986) などにおいては，語順を決定する統語的機能であると考えられてきており，重名詞句 (Syntactic Heaviness) は文の右側に移動させられることがあると，指摘されています。

そこで，次のような重名詞句移動という現象が見られます。

(52) a. John gave a book about linguistics to Mary.
→ John gave *t* to Mary [a book about linguistics].
（ジョンはメアリーに言語学の本を与えた）

したがって，重い名詞句でないもの，すなわち短い名詞句などは，重名詞句移動を受けないと説明されてきました（以下を参照）。

(53) a. *He threw into the wastebasket [the letter].
(Ross (1986))
（彼はその手紙をごみ箱に捨てた）
b. *He threw into the wastebasket [it]. (Golston (1995))
（彼はそれをごみ箱に捨てた）
c. *We elected president [my father]. (Ross (1986))
（彼らは私の父を大統領に選出した）
d. *The American people recently elected to the presidency [him].
（そのアメリカ人たちは最近，彼を大統領に選出した）
(畠山 (2006))

しかし，Rochemont and Culicover (1990) や Takano (1998) は，重名詞句移動が起きるのにはある種の焦点が必要となると指摘していますが，これは英語が文末焦点 (end-focus) を求めるというところから，当然であるといえます。そして，Zec and Inkelas (1990) は統語的な条件ではなく，移動させられる(重)名詞句は，枝分かれしている音韻句 (branching at the Phonological

Phrases: Phonological Heaviness）であると規定することによって，音韻論的な観点から重名詞句移動の適格，不適格を説明しようとしており，Akasaka and Tateishi (2001) もこのような音韻論的重さによる説明に同調しています（以下，(54) を参照）。

(54) a. *Mark showed to John [some letters]$_{PP}$.
（マークはジョンに数枚の手紙を見せた）

b. Mark showed to John [[some letters]$_{PP}$ [from Paris]$_{PP}$].
（マークはジョンにパリからの数枚の手紙を見せた）

c. Mark showed to John [[some letters]$_{PP}$ [from his beloved city]$_{PP}$]. (Zec and Inkelas (1990))
（マークはジョンに彼が愛している町からの数枚の手紙を見せた）

d. *I found in the dictionary the word linguistics.
（私は辞書で言語学という単語を調べた）
（中村・金子 (2002)）

e. I looked up in the dictionary *pneumonoultramicro-scopicsilicovolcanoconiosis.*
(Akasaka and Tateishi (2001))
（私は辞書で珪性肺塵症（炭鉱労働者の職業病）という語を調べた）

2.4. A-An Alternation Rule（不定冠詞交替規則）

英語の不定冠詞である“a”は後続する単語（名詞）の最初の音

が母音の場合には，異形態とされる“an”となりますが，本来この不定冠詞は“an”=”one”という意味で，歴史的には，“an”のあとの“n”が子音の前では発音されなくなったことで，この交替現象が起きました。したがって，この現象は次のように定式化することができます（ここで＃は語境界を示します）。

(55) a → an /___ (#) V
(歴史的背景：an → a /___ (#) C)

そして，以下に見られるように，不定冠詞の“a”と“an”の交替現象がさまざまな要因に基づいて現れます。

(56) a. I saw [an]—umm—[o]ctopus. (*a)
(私は 1 匹の ... うーん，タコをみた)
b. I saw [a]—umm—[v]ery large octopus. (*an)
(私は 1 匹の ... うーん，とてもおおきなタコをみた)
c. I saw [an]—good lord, what was that?—[o]ctopus yesterday. (*a)
(私は一匹の ... なんだっけ，昨日 1 匹のタコをみた)
d. [an]...[E]skimo pie. (*a)
(一つの ... エスキモーパイ)

(Kaisse (1985))

上記の例では，「ためらい」や「休止」といった音声的要因が二つの単語の間を分離しているにも関わらず，不定冠詞交替規則が適用されていることが分かります。したがって，この規則は統語的に条件づけられている音韻規則であるということが分かります。

しかし，次にあげるような英語の口蓋化規則などは，例文に見られるように，「ためらい」や「休止」によって規則適用が不可能となるので，この規則は音韻的（音声的）に条件づけられた音韻規則であると思われます。

(57) a. No[t]...you! (*No[tʃ]...you!)
(あなたじゃないですよ)
b. I'll ge[tʃ] (*...umm) your coat.
(私は...うーん，あなたのコートをとります)
c. I'll ge[tʃ] (—good lord, what was that—) your umbrella.
(私は...わが神よ，なんてことだ，あなたの傘を取ります)
(Kaisse (1985))

しかし，実際には，次に見るような統語的要因によって，口蓋化規則の適用の有無に影響される場合があります。

(58) a. I know what you want.
→ I know wha[tʃ] want.
(私はあなたが何を求めているのかを知っています)
b. I hit your brother.
→ I hi[tʃ] your brother
(私はあなたの兄弟を殴った)
I want you to leave.
→ I wan[tʃ]ou to leave.
(私はあなたに出ていってほしい)

(59) a. I know what Eunice wants

→*I know wha[tʃ] Eunice wants.

(私はユニスが何を求めているのかを知っています)

b. I hit Yorick.

→*I hi[tʃ]orick.

(私はヨーリックを殴った)

I want universal freedom..

→*I wan[tʃ]universal freedom.

(完全な自由がほしいです)

(Kaye (1989))

2種類の例文群で，口蓋化が適用されている先の例文は，後続する要素が代名詞（you）であるのに対して，あとの例文で口蓋化が適用されない場合は，後続する要素が，普通の名詞（名詞句）であるというような統語範疇の違いが，口蓋化規則適用の有無に関係していることが分かります。

しかし，次には，統語的範疇によって，口蓋化の規則適用が説明できないような例も存在しており，それらの例文を以下に例示します（ただし，以下の例でも，miss の品詞は異なっている）。

(60) a. I miss Europe.

→ I mi[ʃ]urope（動詞＋名詞）

(私はヨーロッパに行けなくて寂しく思う)

b. This is miss Europe.（名詞＋名詞）

→*This is mi[ʃ]urope.

(この方がミス・ヨーロッパです)

(Mohanan (1986))

そして，最後には，アフリカ諸語の一つである，Kimatuumbi（キマトゥームビ語）において母音の短音化規則の適用の有無が，統語構造に明解に関係している例をあげます。

(61) Kimatuumbi Shortening（キマトゥームビ語短音化規則）
VV → V / [[___]$_X$ Y]$_{X'}$ where Y contains phonetic material
（ここで Y は音声的要素である）

(62) a. kikól[oo]mbe　'cleaning shell'
（掃除用の貝殻）
b. kikól[o]mbe chaángu　'my cleaning shell'
（私の掃除用の貝殻）

(63) a. luk[aá]mba　'string'
（糸）
b. luk[a]mba lwalupuwáaniike　'string which is broken'
（切れた糸）

(Odden (1990))

これらの規則適用の例は，同じ名詞句内での，修飾部と主要部という関係を満たしている例であります。

しかし，以下に挙げるような，異なった名詞句で，名詞や動詞が後続するような統語構造では，この音韻規則は適用されません。

(64) a. [kikól[oo]mbé]$_{NP}$ [chaapúwaaniike]$_{VP}$
'The shell is broken'
（その貝殻は割れています）

b. [naampéi [kikól[oo]mbe]$_{NP}$ [Mambóondo]$_{VP}$
‘I gave Mamboondo the shell’
（私はマアムボーンドに貝殻を与えた）

(Odden (1990))

2.5. Liaison in French（フランス語におけるリエゾン）

2.5.1. リエゾンの基礎と生成音韻論と CV 音韻論

現代フランス語において，語末の子音（子音字）を発音するのかしないのかという問題があります。昔は綴り字どおりに発音されていました。しかし，現在では，以下に見られるように，単独で発音されたり，文末や休止の前，さらには子音の前では，発音されませんが，次の単語の最初の音が母音の場合は発音されるのが一般的であり，これはリエゾン（Liaison）と呼ばれる現象です。

(65) a. peti~~[t]~~ garcon（小さい男の子）
þeti[t] ami（小さい友達）

そこで，生成音韻論の枠組みにそえば，次のように音韻規則を定式化することで，的確にこのリエゾンの現象を説明することができます。

(66) 語末子音削除（Final Consonant Deletion: C-deltion）
$C \rightarrow \phi / \underline{\quad} \#C$

(67)	a. petit garcon	b. petit ami
Underlying form:	#pətit # garsõ#	#pətit # ami#
C-deletion (66):	#pəti # garsõ#	—
Derived Form:	pəti garsõ	pətit ami

(Schane (1973))

上記の例で，語末子音削除規則が，左側の例では適用条件を満たしていることによって，語末子音削除規則が適用された結果，最終子音の [t] が削除されていますが，右側の例では，後続する単語の最初の音が母音であるので，語末子音削除規則が適用されず，その結果，最終子音の [t] は保持されたままとなります。

また，上記で見た生成音韻論の分析のほかに，CV 階層（CV-tier）を基本的音韻単位としている CV 音韻論（CV-Phonology）によってものこのフランス語のリエゾンの現象をうまく説明が可能ですので，以下に例をあげて概観してみます。

(68)　CV 階層

```
a.  closed syllable      b.  reanalysis
    [ C V C][ C V ]          [ C V ][ C V ][ C V ]
      | | |   | |              | |    | |    | |
      t a k   t i              t a    k φ    t i
```

(Lowenstamm (1996))

先に見たように，CV 音韻論では，CV 階層が音韻的単位となっているので，CV 階層を想定するために子音のあとの母音の位置において空母音（Empty Vowel）というものを認めるという特徴を持っています。

そこで，先に生成音韻論にて分析を行ったリエゾンをこのCV音韻論を用いて再分析すると次のようになります。

(69) a. #pətit # garsõ#

```
[ C V ][ C V ][ C V ]  [ C V ][ C V ][ C V ]
  | |    | |    | |      | |    | |    | |
  p ə    t i    t ϕ      g a    r ϕ    s õ
                 ↓
[ C V ][ C V ][ C ]  [ C V ][ C V ][ C V ]
  | |    | |    |      | |    | |    | |
  p ə    t i   [t]     g a    r ϕ    s õ
```

([t]=floating segment: 浮遊分節音)

b. #pətit # ami#

```
[ C V ][ C V ][ C V ]  [ C V ][ C V ]
  | |    | |    | |      | |    | |
  p ə    t i    t ϕ      ϕ a    m i
                 ↓（再音節化）
[ C V ][ C V ][ C] [ C V ][ C V ]
  | |    | |    |/      |    | |
  p ə    t i    t       a    m i
                 ↓（CV 階層化）
[ C V ][ C V ]  [ C V ][ C V ]
  | |    | |     / |     | |
  p ə    t i   [t] a     m i
```

上記の図から，語末の子音（[t]）が，(a) の空母音を含むCV階層に属している時はこのCV階層が分解され，この子音は浮遊分節音（Floating Segment）となることにより解釈・分析されることによって発音されないことになりますが，後者の構造では，この浮遊分節音が後続する単語の子音の位置が空となっていますので，再音節化によって，その位置に編入されることによって新たなCV階層が構築されることになりますので，リエゾンとして発音されることになります。

2.5.2. 文レベルのリエゾンと格理論

先のセクションでは，二つの単語間における基本的なリエゾンについて概観しましたが，ここでは，実際に文の中に埋め込まれた文レベルにおけるリエゾンの現象を概観することにします。

そこで，以下におけるリエゾンの規則の適用状況を見ますと，次のようになります。

(70) a. le[s] [a]mis (Det + N) ‘the friend’（その友達）
b. mo[n] [a]mi (Poss + N) ‘my friend’（私の友達）
c. en bo[n] [a]nglais (Prep + Adj + N)
‘in good English’（良い英語で）
d. ce[t] [o]uvrier (Dem + N)
‘this worker’（この労働者）
e. il es[t] [a]llé (AUX + V)
‘he is gone’（彼は行ってしまった）

(71) a. *Il par[t] [à] six heures.
‘He leaves at six o’clock.’
（彼は6時に出発します）

b. *M. Dupon[t] [a] deux files.

'Mr. Dupont has two sons.'

（デュポン氏は 2 人の息子がいます）

c. *Jea[n] [é]tai[t] [a]insi occupé.

'John was thus occupied.'

（ジョンはこのようにしてひきつけられた）

（西原(1992)）

(70) においては，リエゾンはすべての例に適用されていますが，(71) の例では，すべての例で，リエゾンが阻止されています。この適用の有無の違いは，統語上の制約を受けているもので，(70)，(71) においての統語上の相異は，次の樹形図において示されます。

(72) (=(70c))

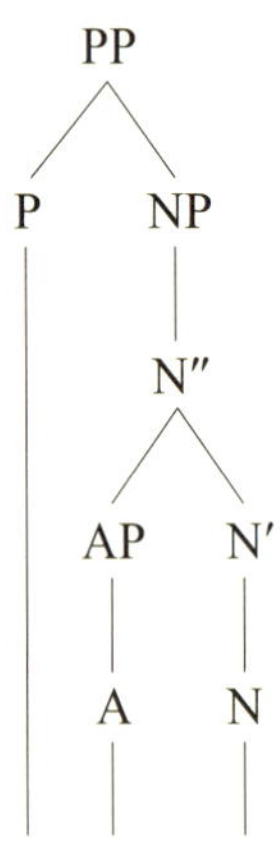

en bo[n] [a]nglais (in good English)

（西原(1992)）

(73) (=(71a))

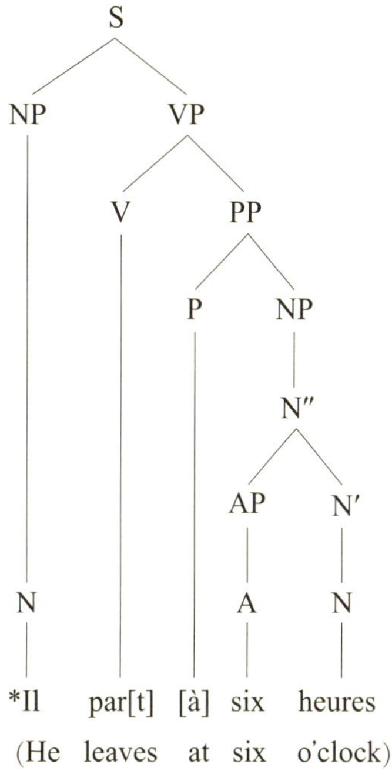

（西原（1992））

(72) と (73) でのリエゾンの適用の有無の違いは，リエゾンの対象となる二つの分節音を含む同じ大語彙範疇（Major Lexical Category）に支配されているかどうかで説明できます。すなわち，(72) では，bon と anglais が同じ NP（名詞句）に支配されているのに対して，(73) の樹形図では，part は VP（動詞句）に，à は PP（前置詞句）という異なった大語彙範疇に属しているために，リエゾンが適用されないということで説明されます。したがって，リエゾンは語彙範疇の違いという統語情報に影響されている音韻規則である考えられます。

そこで，このリエゾンが先に英語の wanna 縮約など見た痕跡 (trace: *t*) についてどのように振る舞うのかを見てみます。たとえば，次の例文では，痕跡がリエゾンを阻止している例であります。

(74) a. Nous donnerron[s] [u]ne grande somme à l'Unesco.
'We will give a big sum to Unesco'
(われわれはユネスコに大きな金額を与える予定)
b. La somme que nous donneron[s] *t* [à] l'Unesco.
c. La somme que nous donneron[s] [à] l'Unesco.
'The sum that we will give to Unesco.'
(その金額は，われわれがユネスコに支払うであろうものである)
d. *La somme que nous donneron[s] [à] l'Unesco.
(Berendesen (1985))

これらの例文から，リエゾンは統語的要素である痕跡によって，その適用が阻止されることが分かります。

しかしながら，次の例で見られるように痕跡が存在するにもかかわらずに，リエゾンが適用される場合が存在します。

(75) a. Jeanne paraî[t] *t* [a]imer les huîtres.
b. Jeanne paraî[t] [a]mier les huîtres.
'Jeanne appears to like oysters'
(ジーンはカキが好きみたいです)

この例でも，痕跡がリエゾンの適用可能な二つの分節音の間に介在していますが，さきの例文のようにリエゾンが阻止されることはありません。

ここで見られるリエゾンの適用の有無の違いは，文中に残された痕跡の性質によるもので，リエゾンを阻止している痕跡(41)は文中において，格付与（Case-marked trace）されているものであり，一方リエゾンが阻止されない例（42）は，文中で痕跡が格付与されていない（Non-Case-marked trace）場合であると説明されます。ゆえに，英語の以下の構文では，痕跡は格付与されていないので，縮約は阻止されないと説明されます。

(76) a. They used *t* to audit my course.
b. They usta audit my course. (used to → usta)
（彼らは私の授業を聴講したものであった）

これらの現象を整理して，簡潔に図示しますと，次のようになります。

(77) a. α　*t*　β →痕跡(t)に格付与有り：音韻規則は阻止される。
b. α　*t*　β →痕跡(t)に格付与無し：音韻規則は阻止されない。
（α　βはそれぞれの分節音を示します）

この考え方は，英語の wanna 縮約が，痕跡によって阻止されている一方，(17) から (26) などで見られる，その他の音韻規則などは痕跡によって適用が阻止されていないことを考えると，この定式化は妥当であるように思われます。しかし，実際には痕跡が関わるすべての音韻規則の適用がこの定式化によって説明することは不可能であること事実ですので，注意しなければなりません。

また，リエゾンの場合，以下に見られるように，状況によっては，話し手が変わった場合でも，次の話し手によってリエゾンの現象が現れるのは非常に興味深い現象として挙げることができます。

(78) Speaker 1: Je cherchais de[s]...
'I was looking for some...'
（私はいくつかを探していま...）
Speaker2: ...[z]allumettes.
'...matches.'
（...マッチを）

(Nespor and Vogel (1986))

また，次のメキシコ・スペイン語の声の同化規則のように，文という単位を超えて適用される音韻規則の一つの例として以下のような特殊な例もあります。ただし，この音韻規則は常に適用されるものではなく，休止などの音声的要因によって適用が阻止されることがあります。

(79) Voicing Assimilation Rule of Mexican Spanish
（メキシコ・スペイン語声の同化規則）
Los dos. Dámelos.→...do[s^z] Dámelos.
'Both of them. Give them to me.'
（両方ともです，私にそれらをください）

(Nespor and Vogel (1986))

しかし，先のリエゾンの例では，リエゾンが統語的要因である痕跡に対して反応をしていたのと同様に音声的要因である，休止というものにも影響されないで適用されることも以下にみられるように事実です。

(80) Le...[z]enfants
'The Children'
（子供たち）　(Nespor and Vogel (1986))

このようにして，リエゾンの適用の有無の違いは，文中に残された痕跡の性質によるもので，リエゾンを阻止している痕跡は文中において，格付与（Case-marked trace）されているものであり，一方リエゾンが阻止されない例は，文中で痕跡が格付与されていない（Non-Case-marked trace）場合に起きるという統語的影響を受ける音韻規則であると，同時に2人の人の間にまたがってリエゾンが適用されたり，休止を超えて適用されるというような音声的要因（音韻的要因）の両方の特徴を持った独特な音韻規則であると考えられます。

第3章

音韻論と意味論・語用論のインターフェイス

3.1. 音韻規則適用と意味論との関連性

GB 理論（Government & Binding Theory）などに代表される生成文法理論は，統語部門を中心（中核）として，音韻部門と意味部門は解釈部門として取り扱われてきました。そして，解釈部門である音韻部門と意味部門との関係についての関連性は十分に考慮されてはいませんでした。

さらに，意味部門と深く関わっている語用論と音韻部門との関連性についても十分に考慮されているとは言えない状況でした。しかしながら，生成文法の登場によって従来では独立した部門として考えられていなかった形態部門（形態論）の自律性が認められ，形態論と統語論のモジュール関係を主張し，影山（1983）などによって提唱されたモジュール形態論や，Kiparsky（1982），Mohanan（1986）などによって主張され，形態論と音韻論の相互関係（インターフェイス）を認める語彙音韻論（Lexical Phonology）の登場，さらには，高見（1993）などによる機能論的観点からの機能文法(理論)の枠組みによる統語論と語用論とのインターフェイスが主張されていることを考えれば，音韻部門（音韻論）と意味部門（意味論）および語用論の関連性を考慮にいれることは妥当であると考えられます。

したがって，この章では音韻論と意味論・語用論のインターフェイスの妥当性をさまざまな言語の例を挙げながら示していきます。

統語部門の解釈部門である音韻部門と意味部門の関連性については，意味部門で適用されている数量詞（Quantifiers）が音韻部門の音韻規則適用に関与しているという事実から支持されます。

Odden (1994) はアフリカ諸語の一つであるキコンゴ語 (Kikongo) では名詞句が, every, all などの普遍的数量詞 (Universal Quantifiers) を含む際に, 名詞句が持つ複数の高音調 (High-tone: H) のうち, 普遍的数量詞でない名詞が持つ高音調が一つ削除されると指摘しています。

すなわち, 以下の (1) では普遍的数量詞がないために, 名詞句の第 1 要素, 第 2 要素のいずれにも高音調が付与されていますが, 一方 (2) のほうでは, 第 2 要素が普遍的数量詞である all があるので, 第 1 要素の高音調が一つ削除されるという現象が見受けられます。

(1) a. mankondé : mankondématááta

(father's banana : 父のバナナ)

b. bikúní : bikúní byándá

(tall farmers : 背の高い農民)

c. binyónya : binyónya byámbóte

(good termites : 良い白アリ)

(2) a. mankondé : mankond[e] mámánsó

(all bananas : すべてのバナナ)

b. matábíísi : mat[a]bíísi mámánsó

(all gifts : すべての贈り物)

c. maláálá : mal[aa]lá mámánsó

(all oranges : すべてのオレンジ)

(Odden (1994))

上記に挙げたのと同じような例として, Vogel and Kenesei (1990) では, ハンガリー語 (Hungarian) においても, 意味部門の数量詞が音韻規則適用に重要な役割りをしていると述べています。具体的には以下に述べるL-口蓋化（L-Palatalization）が，Nespor and Vogel（1986）などで提唱された音律音韻論の基本概念である音律範疇の一つである音調句（Intonational Phrase: IP）の内部において音韻規則は適用されますが，二つのIPにまたがって音韻規則が適用されることはないと指摘しています。

(3) L-Palatalization（L-口蓋化）

l → L / [...___j...]$_{IP}$ （L=Palatalized（口蓋化））

（Vogel and Kenesei（1987））

(4) a. [Péter féL Jánostól is]$_{IP}$

‘Peter fears John-from even’

(It is Peter that is afraid even of John)

（ピーターはジョンさえも恐れています）

b. [Pál]IP [fel]$_{IP}$ [Jánostól]$_{IP}$

‘Paul-nom fears John from’

(Paul is afraid of John)

（ポールはジョンを恐れています）

（Vogel and Kenesei（1987））

しかしながら，キコンゴ語と同様に，ハンガリー語においても普遍的数量詞が音韻部門に関与し，音韻規則適用領域である音調句（IP）が音調句再構築原則にしたがって，次のように音調句が再構築されることになります。

(5) a.　[$_{S}$ [$_{IP}$ PP] [$_{IP}$ PP] [$_{IP}$ PP] ...]
　　b.　[$_{S}$ [$_{IP}$ PP] [$_{IP}$ QP PP PP] ...]

(QP=Quantifier Constituent：数量詞構成素)

(Vogel and Kenesei (1990))

上記の原則によれば，(6b) のIPは “only” によってIPが再構築されることになるので，(6a) と異なったIPが導きだされて，L-口蓋化が適用されることになりますが，(6a) では別々のIPに属しているので最初のL-口蓋化は適用されないこととなります。

(6) a.　[$_{IP}$ Pál] [$_{IP}$ játszik] [$_{IP}$ az angoL játékkal]
　　　　‘Paul plays the English toy-with’
　　　　(Paul is playing with the English toy)
　　　　(ポールはイギリス製のおもちゃで遊んでいます)
　　b.　[$_{IP}$ csak PáL játszik az angoL játékkal]
　　　　　only
　　　　‘Only Paul is playing with the English toy’
　　　　(イギリス製のおもちゃで遊んでいるのはポールだけです)

さらに，音韻規則適用と統語構造・意味構造の関係を英語の例文を挙げて検討してみます。以下に挙げる例文の統語構造 (樹形図) を見てください。

(7)

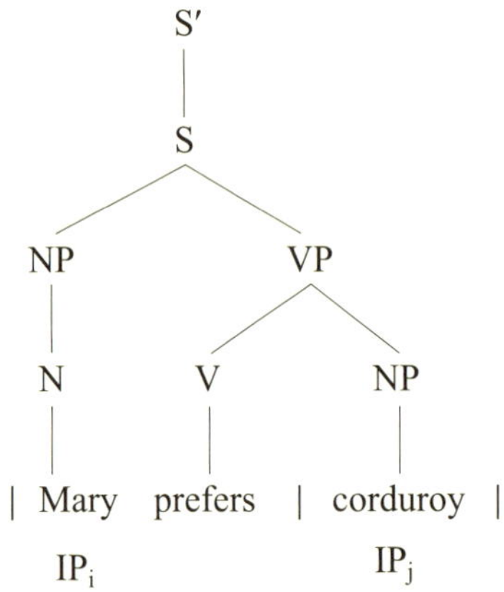

（メアリーはコールテンが好んでいます）

(8)

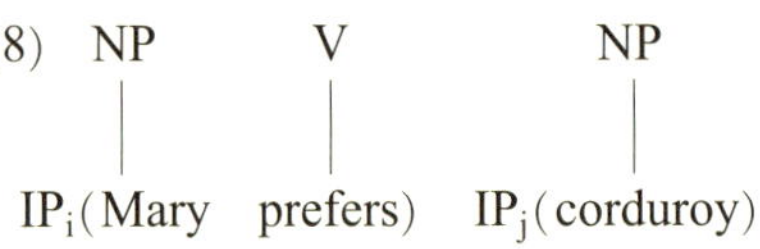

(Selkirk (1984))

ここで見られる，音調句（IP）は，以下に見られるような意味単位（Sense Unit）を構成するような意味単位条件（Sense Unit Condition: SUC）によって構築されています。

(9) Two constiutuents C_i, C_j form a sense unit if (a) or (b) is true of the semantic interpretation of the sentence:

a. C_i modifiers C_j (a head)

b. C_i is an argument of C_j (a head)

(Selkirk (1984))

（二つの構成素 C_i, C_j がもし以下の (a) または (b) のいずれかがその文における意味論的解釈にあてはまるなら，この構成素 C_i, C_j は意味単位の区分を構築します：

a.　C_i が C_j（主要部）を修飾している

b.　C_i が C_j（主要部）の項構造である）

この意味単位条件に基づいて，次の樹形図で示された例文はいくつかの音調句に分割することができます。

(10)

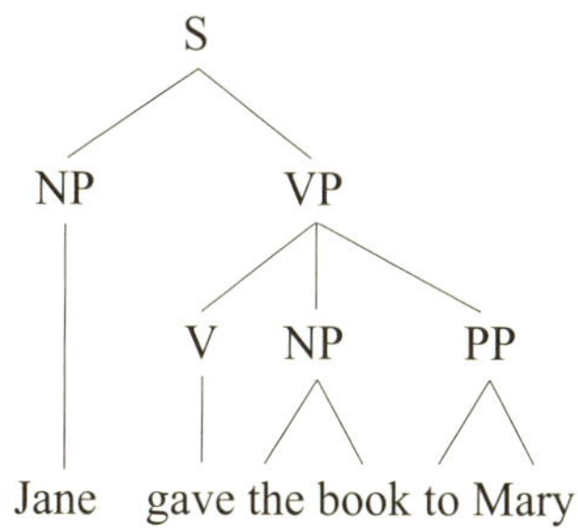

（ジェーンはその本をメアリーに与えた）

(Selkirk (1984))

この例文を音調句 (IP) に分割するには，次に挙げるようないくつか候補を挙げることが可能でありますが，そのうちの二つは適切な音調句への区分とは言えないものが入っています（(　)は音調句の単位を示しています）。

(11) a.　(Jane gave the book to Mary)

b.　(Jane) (gave the book to Mary)

c.　(Jane gave the book) (to Mary)

d.　(Jane gave) (the book) (to Mary)

e. *(Jane) (gave) (the book to Mary)

f. * (Jane gave) (the book to Mary)

g. (Jane) (gave the book) (to Mary)

h. (Jane) (gave) (the book) (to Mary)

(Selkirk (1984))

上記の音調句のなかで，(e) と (f) は，共通部分である音調句 (the book to Mary) の構造が，音調句を構成するための，「項構造-主要部」，または「修飾部-主要部」という意味単位条件 (SUC) を満たしていなので，的確な音調句を構成できていないという観点から，不適格文として判断されています。しかし，たとえば，(g) での真ん中の音韻句では，動詞 (V) の “gave” と名詞句 (NP) の “the book” という構成素の関係が，動詞 (V) の “gave” が主要部となり，その項構造が名詞句 (NP) の “the book” となるために，意味単位条件 (SUC) を満たしているので，適格な音韻句として容認されていることが分かり，その構造は以下のように図示できます。

(12)

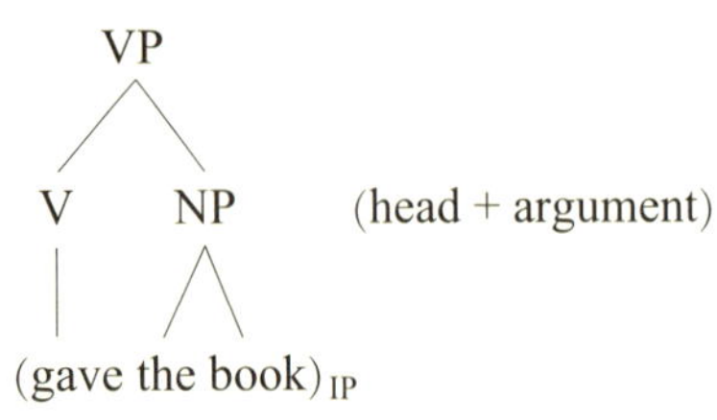

また，窪薗 (1995) では，日本語の複合語を特徴づける音韻現象である連濁も意味論による意味制約を受けていると述べています。複合語の第 2 要素は通常，清音から濁音に変化する (a) とは異なって，(b) では並列構造の複合語なので連濁は起こりにくく

なっています。

(13) a.　ヤマガワ（山川＝山にある川）
　　b.　ヤマカワ（山川＝山と川）
(14) a.　アテナガキ（宛名書き）
　　b.　ヨミカキ（読み書き＝読みと書き）
(15) a.　オビレ（尾鰭＝尾の鰭）
　　b.　オヒレ（尾鰭＝尾と鰭）

（窪薗（1995））

さらに，日本語と同様に，英語の複合語についても，並列構造を持つ複合語は，複合語強勢規則によって第1要素の名詞に強勢が付与されずに，第2要素の名詞に強勢が付与された句構造強勢型の構造を持つ複合語が存在します（大文字は強勢があることを示します）。

(16) a.　Coca-COLA
　　（coca の葉と cola の実の抽出物から作られた飲み物）
　　b.　producer-DIRECTOR
　　（プロデューサー兼ディレクター）
　　c.　king-EMPEROR
　　（王と皇帝を兼ねる人）
　　d.　historian-POLITICIAN
　　（歴史家でもあり政治家でもある人）
　　e.　secretary-TREASUER
　　（書記兼会計係）

（窪薗（1995））

3.2. 音韻規則適用と強勢・焦点付与

先の節では，音韻規則適用と意味論との関連性について，概観をしましたが，ここでは音韻規則適用と(対照)強勢や焦点付与との関連性を概観することにします。

そして，まずは先の節で見たハンガリー語のL-口蓋化が，普遍的数量詞の影響だけでなく，文中における焦点付与（[+ F]）によっても，音調句の再構成が行われて，L-口蓋化の適用の有無に変化が生じることが次の例で分かります。

(17) a. [$_{IP}$ minden nyúL Júliát szerti a legjobban]
every rabbit Julia-acc likes the best
'For every rabbit, it is Julia that it likes best'
（すべてのウサギで，ジュリアが一番好まれています）

b. [$_{IP}$ minden nyúl] [$_{IP}$ Júliát szerti a legjobban]
[+ F]

(Vogel and Kenesei (1990))

(17b) では，Júlia に焦点が当てられることによって，その右側で，音調句が再構築されることになるので，この場合，最初の音調句の最終要素の "l" には (17a) とは異なり，口蓋化が適用されないということになります。

この焦点が，音韻規則適用に重要な役割をしているのは，イタリア語においても見ることができます。それは，Raddoppiamento Sintattioco（統語的子音長音化規則）であり，この規則の適用領域も音韻句でありますが，具体例の前者のように二つの音韻句にまたがっている場合，この規則は適用されませんが，音韻句内の後続する語（CANTANO）に焦点が当てられると，音韻句の再構築が行われ，音韻句が一つとなり，規則が適用されることになります。

(18)　Raddoppiamento Sintattico (RS)
　　C → C: / [V[+ stress]#__[+ son]]$_{PP}$

(19) a.　[$_{PP}$ I colibrí] [$_{PP}$ cantano]
　　'Hummingbirds sing'
　　（ハチドリがさえずっています）
　b.　[$_{PP}$ I colibrí CANTANO]
　　　[+ F]
　　→...[k:]ANTANO

また，イタリア語の Stress Adjustment Rule（強勢調整規則）にも同様の現象が見られます（以下を参照）。

(20) a.　[i colibrí vérdi]$_{PP}$ → cólibrivérdi（強勢移動あり）
　　'the green hummingbirds'
　　（緑色のハチドリ）
　b.　[I colibrí]$_{PP}$ [cántano]$_{PP}$ → no change（強勢移動なし）
　　'Hummingbirds sing'
　　（ハチドリがさえずっています）
　c.　[I colibrí CÁNTANO]$_{PP}$ → ...cólibri....（強勢移動あり）
　　　[+ F]
　　'Hummingbirds SING'
　　（ハチドリがまさに，さえずっています）

(Vogel (1994))

さらに，上記でみた二つの音韻規則である，統語的子音長音化規則（RS）と強勢調整規則（SA）が，適用条件を満たせば，焦点付与によって適用されるような例も以下に見られます。

(21) a. Lo fará [k]arla (Neutral: no rules apply)
'Carla will do it'
（カーラはそれをするでしょう）
↓
b. Lo fará [k:]ARLA (Focus: RS applies)
or
c. Lo fára CÁRLA (Focus: SA applies)
(Vogel (1994))

このように，ある語（音韻句）に焦点（focus）が当てられることによって，音韻規則の適用が行われ，それは音韻句の再構築によるものであると，Kenesei and Vogel (1993) は指摘しています。そこで，焦点を受けた語（音韻句）は左側の音韻句に融合して，一つの新たな音韻句を構成することによって，英語のリズム規則（Rhythm Rule: RR）の適用が行われるとも主張しています（以下を参照，[ ] は音韻句を示す）。

(22) a. [The racketéer]$_{PP}$ [ácted]$_{PP}$ [innocent]$_{PP}$, but he really wasn't. (not applied: 不適用)
b. [The rácketeer Ácted]$_{PP}$ [innocent]$_{PP}$, but he really wasn't. [+F] (applied: 適用)
（そのゆすりは無罪だと主張しましたが，彼はそうではなかった） (Kenesei and Vogel (1993))

また，英語の以下の例文でも，焦点が付与されることによって音律範疇である音調句（IP）が再構築されるとNespor and Vogel (1986) では指摘されています。彼女らの主張によれば，以下のような通常，強勢を受けない代名詞が対照強勢（Contrastive Prominence: CP）が付与されると，単一の音調句が分割されるとして，次のような例文を挙げています。

(23) a. [$_{IP}$ Paul called Paula before she called him]
（ポールは彼女が彼に電話する前にパウラに電話した）

b. [$_{IP}$ Paul called Paula] [$_{IP}$ before *she*] [$_{IP}$ called him]
[+ CP]　[+ CP]
（ポールはまさに彼女が彼に対しての電話する前にパウラに電話した）

さらに，英語における，Auxiliary Shift（助動詞移動）という現象でも，焦点付与が関わっており，この規則の適用を阻止する条件は以下のように定式化されています。

(24) a. [E]mphasis on the finite auxiliary
（定形助動詞を強調する）

b. [D]eletion on the constituent following the auxiliary.
（助動詞に後続する構成素が削除される）

(Vogel and Kenesei (1990))

それゆえ，以下の強調された助動詞を含む例文は，不適格文として取り扱われます。

(25) a. *They *have* often considered moving to Italy.
(彼らはしばしば，イタリアへの移住を考えていました)
b. *George *is* never late.
(ジョージは決しておくれません)
(Vogel and Kenesei (1990))

上記の (25a, b) の助動詞はともに，強勢が付与（強調）されているために，助動詞移動(規則)は適用されないと述べられています。

さらに，次の例文では，(b) の文は助動詞の後ろに削除位置が存在するために，助動詞移動(規則)が適用されないと説明されています。

(26) a. Clarance has worked more for you this week alone than Chalie ever has ___ for you.
b. *Clarance has worked more for you this week alone than Chalie has ever ___ for you.
(クラレンスはチャーリーよりも一人で今週，あなたのためによりいっそう働いています)

音律音韻論における音律範疇と統語論における統語範疇の一番大きな違いは，音律範疇がさまざまな要因によってその領域を拡大したりすることができますが，統語範疇では，決してそのような変化が生じないという点であると考えられます。

これらの現象から，Frascarelli (2000) でも，以下に挙げるような，焦点付与 ([+ F]) による音韻句の再構築規則を提案しています。

(27)　$[Y1\ Y2]_{PP}\ [X_{[+F]}\ ...]_{PP} \rightarrow [Y1\ Y2,\ X_{[+F]}\ ...]_{PP}$

(Frascarelli (2000))

また，Kenesei and Vogel (1993) は，焦点付与 ([+F]) に基づく音韻句の再構築が以下に見られる行われると，指摘しています。

(28)　[X1　X2]　[X3　X4]　[X5　X6]
　　　　　　　　　[+F]
　→[X1　X2　X3] [X4] [X5　X6]
　　　　　　　　[+F]
　→[X1　X2　X3] [X4　　X5　X6]
　　　　　　　　[+F]

(Kenesei and Vogel (1993))

焦点付与 ([+F]) によって，細区分化されていた音韻句が再構築されることによって，拡大化された音韻句が形成されています。

これらの再構築によって，次に挙げる二つのリズム規則の適用も的確に説明できる。

(29) a.　They managed [to outcláss] [DÉLAWARE'S cantéen] [éasily]
→b.　... [to óutclass DÉLAWARE'S] [cantéen] [éasily]
→c.　... [to óutclass DÉLAWARE'S] [cánteen éasily]
(彼らは簡単に，デラウエアの食堂打ち勝つようにやっていた)

(Kenesei and Vogel (1993))

ここでは，第2章で見た重名詞句移動 (Heavy NP Shift) を再度，意味論的観点（焦点や対照強勢など）から概観することにします。重名詞句移動とは，語順を決定する統語的機能であると考えられてきており，重名詞句（Syntactic Heaviness）は文の右側に移動させられることがあると，指摘されていました。したがって，重い名詞句でないもの，すなわち短い名詞句などは，重名詞句移動を受けないと説明されてきています（以下を参照）。

(30) a. *He threw into the wastebasket [the letter].
（彼はその手紙をごみ箱に投げ入れた）　(Ross (1986))
b. *He threw into the wastebasket [it].
（彼はそれをごみ箱に投げ入れた）　(Golston (1995))
c. *We elected president [my father].
（われわれは私の父を大統領に選出した）　(Ross (1986))
d. *The American people recently elected to the presidency [him].
（そのアメリカ人たちは最近，彼を大統領にに選出した）
(畠山 (2006))

しかし，Rochemont and Culicover (1990) や Takano (1998) は，重名詞句移動が起きるのにはある種の焦点が必要となると指摘しているが，これは英語が文末焦点（end-focus）を求めるというところから，当然であるといえる。そして，Zec and Inkelas (1990) は統語的な条件ではなく，移動させられる(重)名詞句は，枝分かれしている音韻句（branching at the Phonological Phrases: Phonological Heaviness）であると規定することによって，音韻論的な観点から重名詞句移動の適格，不適格を説明しようとしている。

しかしながら，Guasti and Nespor (1999) は，移動させられた名詞句が音韻的に枝分かれしいる重いものではなく，軽い名詞句でも対照強勢 (contrastive stress) を受けることによって，容認可能になると指摘している（以下を参照)。

(31) [T]he heaviness of the NP may be measured not only in terms of the number of phonological phrases it consists of, but in terms of stress ...

(Guasti and Nespor (1999))

（名詞句の重さは音韻句の数からのみでなく，強勢という観点からも評価されることになります）

(32) I put on the table [some BOOKS]. (not a Christmas card) (Guasti and Nespor (1999))

（(クリスマス・カードではなく）数冊の本を，私はテーブルの上に置いた）

このような対照強勢として，ある語（音韻句）に焦点 (focus) が当てられることによって，焦点の当たった語が含まれる音韻句が英語母語話者によって，この音韻句はその前方で下降調が，そして後方で軽い上昇調で発話されることから，この移動してきた焦点を受けた軽い名詞句は音韻句を構成しており，意味論的重さ (Semantic Heaviness) を受けることで，文末に位置することが認められるという考え方をここでは想定することができる。

(33) a. He threw [[into the wastebasket]$_{PP}$ [the LETTER]$_{PP}$]. (not the book)

（彼らがごみ箱に捨てたのは，（本ではなく）“手紙”でした）

b. He threw [[into the wastebasket]$_{PP}$ [THAT]$_{PP}$]. (not others)

（彼は（他のものではなく），“それ” をごみ箱に捨てた）

c. We elected [[president]$_{PP}$ [my FATHER]$_{PP}$]. (not my mother)

（われわれは，（私の母ではなく），“私の父を” 大統領に選出した）

d. The American people recently elected [[to the presidency]$_{PP}$ [HIM]$_{PP}$]. (not her)

（そのアメリカ人たちは（彼女ではなく），“彼” を大統領に選出した）

e. I put [on the table]$_{PP}$ [some BOOKS]$_{PP}$]. (not a Christmas card)

（私は（クリスマス・カードではなく），“数冊の本” をテーブルの上に置いた）

また，Wheeldon (2000) は，それほど重くない句構造 (30a), (31a) である音韻句が先行する音韻句に融合され，その結果，リズム規則が適用されている例を以下のように挙げている。この統語範疇の違いからは説明がつかない現象から，軽い名詞句を含む音韻句が先行する音韻句と融合するという Kenesei and Vogel (1993) の枠組みがある程度正しい主張であると想定できる。

(34) a. [She could not tolerate the nòtoríety]$_{PP}$ [of bánkruptcy and divorce]$_{PP}$

（彼女は倒産と離婚という悪評をがまんすることはできなかった）

→b. [She could not tolerate the notóriety of bánkruptcy]$_{PP}$
(彼女は倒産という悪評をがまんすることはできなかった)

(35) a. [Given the chance rabbits reprodúce]$_{PP}$ [véry quickly]$_{PP}$
(機会があればうさぎはとても早く繁殖する)

→b. [Given the chance rabbits réprodùce quíckly]$_{PP}$
(機会があればうさぎはとても早く繁殖する)

(Wheeldon (2000))

3.3. 音韻規則適用と語用論との関連性

3.3.1. 文にまたがる音韻規則と語用論

本節では，音韻規則の適用が文を越えたレベルでの言語の運用を研究分野とする語用論との関わりについて概観することにします。そこで，Nespor and Vogel (1986) にしたがって，英語に関わる文型をまず以下のの四つに分類します（日本語訳は筆者のもの）。

(36) a. DEC (=Declarative: 肯定文)
b. INT (=Interrogative: 疑問文)
c. IMP (=Imperative: 命令文)
d. EXC (=Exclamatory: 感嘆文)

(Nespor and Vogel (1986))

そして，この四つ文型から二つの文型を選び，二つの結びつき連続によるさまざまなパターンの文例を作り出して，次に挙げている音韻規則の適用との関連性を見てみます。

(37) Flapping（弾音化）

(i) [t, d] → [ɾ] / [... V ___ V...]$_{PU}$

Domain: Phonological Utterance

(38) R-Insertion（R-挿入規則）

(ii) ϕ → [r] / [...V___V...]$_{PU}$

Domain: Phonological Utterance

そこで，以下に文型のパターンと上記の二つの音韻規則適用との関連性を概観してみます。

(39) a. DEC-DEC

(i) It's late. I'm tired. → ...la[ɾ]I'm...

（遅いです。私は疲れています）

(ii) It's there. I saw it. → ...the[r]I...

（あそこにあります。私はそれを見た）

b. DEC-IMP

(i) It's Dad. Open the door. → ...Da[ɾ]Open...

（それは父ですよ。ドアをあけて）

(ii) It's Anna. Open the door. →...Anna[r]Open...

（それはアナですよ。ドアをあけて）

c. DEC-INT

(i) That's a nice cat. Is it yours? → ...ca[ɾ]Is...

（それはすてきな猫です。あなたの猫ですか）

(ii) That's a nice car. Is it yours? → ...ca[r]Is...

（あれはすてきな車ですね。あなたの車ですか）

(40) a. IMP-DEC

(i) Wait a minute. I’m coming.

→ ...minu[ɾ]I’m...

（すこし待って。私が行くから）

(ii) Don’t stare. It’s rude. → ...sta[r]It’s...

（じろじろ見ないで。それは失礼ですから）

b. IMP-IMP

(i) Stop that. Ask nicely. → ...tha[ɾ]Ask...

（それをやめて。礼儀正しく，聞いてください）

(ii) Don’t stare. Ask him in. → ...sta[r]Ask...

（じろじろ見ないで。彼を中に入れて）

c. IMP-INT

(i) Leave it shut. Are you crazy?

→...shu[ɾ]Are...

（それをしめたままにして。あなたはおかしいんじゃない）

(ii) Have another. Aren’t they good?

→ ...another[r]Aren’t...

（もう一つ取って。おいしいでしょう）

(41) a. INT-DEC

(i) Where’s Annette? I’m leaving.

→ ...Anne[ɾ]I’m...

（アネッテはどこ？ 私は出ていきます）

(ii) Where’s the saw? I need it. → ...saw[r]I...

（のこぎりはどこですか。私はそれが必要なんです）

b. INT-IMP

(i) Why did you wait? Open it.

→...wai[ɾ]Open...

（あなたはなぜ待っていたの。それを開けて）

(ii) What are you waiting for? Open it.

→..fo[r]Open...

（あなたは何を待っているのですか。それを開けて）

c. INT-INT

(i) Where's Ed? Is he gone? → ...E[r]Is...

（エドはどこですか。彼は行ってしまったの）

(ii) Where's Paula? Is she late again?

→ ...Paula[r]Is...

（パウラはどこですか。彼女はまた遅れているの）

(42) a. EXC-DEC

(i) What a sight! I'm shocked. → ...sigh[ɾ]I'm...

（なんという景色だろう。私は驚いています）

(ii) What a boor! I'm shocked. → ...boo[r]I'm...

（なんという無礼者だろう。私は驚いています）

b. EXC-IMP

(i) How odd! Ask someone else. → ...o[r]Ask...

（なんとおかしなことだろう。ほかに誰かに聞いてみて）

(ii) What a liar! Ask someone else.

→ ...lia[r]Ask...

（なんといううそつきだろう。ほかに誰かに聞いてみて）

c. EXC-IMP

(i) How odd! Are you sure? →...o[r]Ask..
(なんとおかしなことだろう。それは確かですか)

(ii) What a nice sofa! Is it new? →...sofa[r]Is...
(なんとすはらしいソファーだろう。それは新品ですか)　(Nespor and Vogel (1986))

上で見られた，さまざまの文型パターンと二つの音韻規則適用の関係では，すべての文型パターンにおいて，二つ音韻規則が阻止されずに適用されていることが明らかに分かりました。

そこで，次には二つの文の関係性に関して，Ellipsis（省略）やAnaphora（照応）関係がある時に，二つの音韻規則適用はどのようになるのかを以下に示して見ます。

(43) Ellipsis（省略）

a. Martha didn't invite Todd. I did. → ...To[ɾ]I...
(マーサはトッドを招待しなかったよ。が，私は（招待）した)

b. I can't help her. Arnold can. → ...he[r]Arnold...
(私は彼女を助けることはできないですが，アーノルドは助けることができます)

(44) Anaphora（照応）

a. Where's Pat? I need him. → ...Pa[ɾ]I...
(パットはどこですか。私は彼が必要です)

b. What a nice sofa! Is it new? → ...sofa[r]Is...
(何とすはらしいソファーだろう。それは新品ですか)

(Nespor and Vogel (1986))

これらのように，Ellipsis（省略）や Anaphora（照応）関係がある時でも，二つの音韻規則適用には何の影響もせずに，規則が適用されていることが分かります。

次には，音韻適用の領域となっている二つの文の間における論理的なつながりにおいて，“and”，“therefore”，“because”，“or”，“but” などの Logic-Semantic Connectors（論理－意味連結詞）が想定された時に，音韻規則とどのように関わるのかを見ることにします。

(45) And

a. You invite Charlotte. I'll invite Joan.

→ ...Charlo[ɾ]I'll...

（あなたはシャーロットを招待して。私はジョアンを招待します）

b. Isabelle's a lawyer. I'm a doctor.

→ ...lawyer[r]I'm...

（イザベラは弁護士で，そして私は医者です）

(46) Therefore

a. It's late. I'm leaving. → ...la[ɾ]I'm...

（もう遅いです。それゆえ私は出発します）

b. I'm shorter. I'll go in the back. → ...shorte[ɾ]I'll...

（私は背が低いので，それゆえ後ろへ行きます）

(47) Because

a. Take your coat. It's cold out. → ...coa[ɾ]It's...

（コートを取ってください，なぜなら外は寒いですから）

b. Hide the vodka. Alvin's coming.
→...vodka[r]Alvin's...
（ウオッカを隠くしなさい，なぜならアルビンが来るので）
(Nespor and Vogel (1986))

ここまで，二つの文の間には，肯定的な論理－意味連結詞が挿入されていると想定されますが，二つの音韻規則の適用にはなにも影響を与えていないことが分かります。

次には，照応形と省略という統語的関連要素と，肯定的な論理－意味連結詞という意味論的な関連要素の組み合わせの例文を挙げて，音韻規則適用の対応を見ることにしてみます。

(48) a. Anaphora-And
You ask Ed. I'll ask his sister. → ...E[ɾ]I'll...
（あなたはエドに尋ねててください，そして私は彼の妹に尋ねます）

b. Anaphora-Therefore
This coffee's too bitter. It needs some sugar.
→ ...bitte[r]It...
（このコーヒーは苦すぎる，それゆえいくらか砂糖が必要です）

c. Ellipsis-Because
Don't call Anna. I want to. → ...Anna[r]I...
（アンナに電話しないで，なぜなら私が電話したいから）
(Nespor and Vogel (1986))

これらの例においても，二つの音韻規則の適用にはなんら影響を与えずに，二つの規則が適用されていることは明確です。

そして，最後には否定的な論理－意味連結詞である，“or” や “but” が二つの文の間に置かれると想定されるような例文と二つの音韻規則の適用の有無の関係を見ることにします。

(49) Or

a. Stop that. I’ll leave otherwise. →*...tha[ɾ]I’ll...

(それを止めなさい，そうでないと私はいきます)

b. Finish your pasta. I’ll eat it otherwise.

→*...pasta[r]I’ll...

(パスタを食べてみなさい，そでないと私が食べてしまうよ)

(50) But

a. It’s late. I’m not leaving though. →*...la[ɾ]I’m...

(遅れています，しかし私はいきませんが)

b. I didn’t invite Peter. I should have though.

→*...Pete[r]I...

(私はピーターを招待しなかったが，しかし私は招待をすべきであったのだが)

上記で見られた，否定的な論理－意味連結詞である，“or” や “but” が想定された例文パターンのみにて，ここで挙げられた二つの音韻規則の適用が阻止されていることが分かりました。

3.3.2. 音韻規則適用と休止

上記の例は，一見すると否定的な論理－意味連結詞の作用のみにて，音韻規則の適用が阻止されているかのように思われますが，これらの相異は Cooper and Pccia-Cooper (1980) よれば，

“or” や “but” などの否定的接続詞 (Negative Conjunction) の想定によって否定関係 (Negative Relation) が成り立っているとしています。

すなわち，以下のの例文の前者のような否定の “yet” で例文が結びつけられている場合は，“yet” の前に挿入される休止が，後者の例文の肯定の “and” の前の休止よりも時間的に長くなっているということで説明がなされています (Φ は休止を示し，$[\Phi_1] > [\Phi_2]$ では左側の休止のほうが右側の休止より長いことを示しています)。

(51)　($[\Phi_1] > [\Phi_2]$)

a. The tall $[\Phi_1]$ yet frail student flunked chemistry.
(その背が高いが，ひ弱い学生は化学の単位を落とした)

b. The tall $[\Phi_2]$ and frail student flunked chemistry.
(その背が高く，そしてひ弱い学生は化学の単位を落とした)

(Cooper and Pccia-Cooper (1980))

この休止の長さの違いは，否定的接続詞 (Negative Conjunction) の想定による例文でも見られます。

そこで，二つの音韻規則の適用領域である，音韻的発話 (PU) の再構築は否定的接続詞がもたらす長い時間を要する休止によって阻止されたために，音韻規則適用の領域となる新たな拡大された音韻的発話が構築されることができなかったことが音韻規則適用を阻止した原因であると解釈することができます。

第 4 章

形態論と統語論のインターフェイス

4.1.　単語の性質と構文構成の関連性

英語の構文では，二つの目的語をとる二重目的語構文と前置詞を用いた与格構文といわれる二つの構文が存在し，前者は英語本来の構文であるのに対して，後者はフランス語の借入によって確立されたものであります。

そして，これらの構文は相互に書き替えをすることが，以下のように可能であります。

(1)　二重目的語構文

a.　John gave Tom a car.
（間接目的語）（直接目的語）

b.　John gave Tom a car.
（ジョンはトムに車を与えた）

(2)　与格構文

a.　John gave a car to Tom.
（ジョンはトムに車を与えた）

b.　John found a good book for Tom.
（ジョンはトムのために良い本を見つけた）

英語の語彙は，歴史的には，英語本来語のゲルマン語が基本となっており，そのうえに中世にフランス語から流入してきたラテン語系の語彙が存在しています。

先に述べたように，英語では，間接目的語が動詞のすぐ右側に現れ，そのあとに直接目的語がくるという語順であり，ゲルマン語系の動詞，give，teach，send，tell，sell，get，buy などの動詞が二重目的語構文を構成する動詞として挙げることができます。

これらのゲルマン語系動詞は，基本的には1音節語です。したがって，二重目的語構文を構成する動詞はgive，teach，sendなどに限られるとすれば，意味的に近い動詞である，report，donate，obtainなどの動詞が二重目的語構文を構成することができないことが的確に説明することができます（日本語訳は筆者によるものです）。

(3) a. John reported the news to Bill.
b. *John reported Bill the news.
（ジョンはその知らせをビルに報告した）
(4) a. John donated money to the church.
b. *John donated the church the money.
（ジョンはそのお金を教会に寄付した）
(5) a. Max obtained a ticket for Alice.
b. *Max obtained Alice a ticket.
（マックスはアリスにその切符を手に入れさせた）
（影山（2001））

上の例文で見られた動詞，report，donate，obtainはどれもがラテン語系の2音節語の動詞であり，かつ後ろの第2音節に強勢を持っているものであります。

ところが，これに対して，promise，offerなどの動詞はラテン語系の動詞ではあるが，強勢が第1音節にあり，二重目的語構文を作りだすことが可能であります（日本語訳は筆者によるものです）。

(6) a. John prómised her a present.

(ジョンは彼女に贈り物をあげると約束した)

b. John óffered Mary a job.

(ジョンは彼女に仕事を与えた) (影山 (2001))

このように考えると，二重目的語構文を作る動詞は，1 音節の動詞か，または 2 音節で第 1 音節に強勢を持つ動詞であるという形態音韻的な定義をすることができます。実際のところ，第 2 音節に強勢を持つ donate でも，第 1 強勢を無理に第 1 音節に置けば，二重目的語構文の構築を容認する話者がいることも事実であります。

(7) a. *IBM doNATed them some computers.

[通常通り NAT を強く発音]

b. ?IBM Donated them them some computers.

[特別に DO を強く発音]

(IBM は彼らに数台のコンピューターを寄付した)

(影山 (2001))

しかし，以下に見られるように，ゲルマン語系の動詞で 1 音節語の動詞でも，二重目的語構文を認めない場合も存在します。

(8) a. John shouted the news to Bill.

b. *John shouted Bill the news.

(ジョンはビルにその知らせを大声で話した)

(影山 (2001))

しかし，shout, scream などの「発話様態」を示す動詞が二重目的語構文を作れないことは，同類のゲルマン語系の動詞である，tell と say の持つ性質の違いから説明が可能となります。

(9) a. He didn't {tell/say} anything to me.
 b. He didn't {tell/*say} me anything.
 （彼は私に何も言わなかった）

（影山（2001））

ここで，tell と say という動詞は同じような意味を持っているように思われますが，tell は内容を相手に伝えるという点に主眼が置かれており，間接目的語と直接目的語の間に以下に示すような，HAVE 関係が求めらているのに対して，say は単純に話し手が口から音声を出せばよいので，間接目的語と直接目的語の間に HAVE 関係が求められてないので，二重目的語構文が容認されないと説明されます。

(10) S V O1 ← HAVE 関係 → O2

（影山（2001））

4.2. 第1姉妹の原理と動詞由来複合語

本節では，動詞由来複合語の形成とそれに関わる統語的な特徴である第1姉妹の原理について概観をすることにします。

ここでいう動詞由来複合語（Verbal Compound）とは，複合語の第2要素（右側の要素）の部分である，主要部に動詞が含まれ，接尾辞である，-ing，-er，-ed などが付加され，主要部が，V-ing，V-er，V-ed の形を持っているものを指します。

(11) a.　time-saver（時間節約になるもの）: S save (V) time (O)
　　b.　house-cleaning（家の掃除）: S clean (V) house (O)
　　c.　peace-making（調停・仲裁）: S make (V) peace (O)
　　d.　good-looking（美人）: S look (V) good (C)

（西原（2012））

上記に挙げられた例において，これらの動詞由来複合語は動詞のすぐ右側に隣接している第 1 要素が用いられて複合語が形成されていることが明確に分かります。すなわち，動詞の右側でも，2 番目に位置する要素を用いて動詞由来複合語を形成することはできないということが分かります（以下において，(1) は第 1 要素を，(2) は第 2 要素を示しています）。

(12) a.　She makes peace quickly.
　　　　　　　　　(1)　　(2)
　　　　（彼女は素早く平和をもたらしている）
　　b.　peace-making / *quick-making
　　　　(1)　　　　　　(2)

（西原（2012））

上で見られるような語形成の事実を的確に説明するためには，動詞由来複合語の形成には，次のような制約によって説明が可能であるとされて，以下のような原理が提案されています。

(13)　First Sister Principle（第 1 姉妹の原理）
　　すべての動詞由来複合語は，動詞の第 1 姉妹の位置に生じる語を編入 (incorporation) することにより作られる。

（西原（2012））

この原則にしたがえば，動詞の第1姉妹の位置に生じる語とは，動詞のすぐ右側にある要素のことであり，この要素を動詞由来複合語の非主要部（複合語の第1要素）として編入することで，適格な動詞由来複合語が生成されることになります。

そこで，以下に例文で下線を付した要素，すなわち他動詞ならば，直接目的語が動詞に最も近く，また自動詞ならば，副詞（付加詞）か，補語が最も動詞に近い位置にあることになります。それゆえ，これらの要素が動詞由来複合語の前部の要素として選択されることになります。

(14) a. 他動詞
主語・動詞　直接目的語　副詞（付加詞）
I　make　pasta　fast
（私は素早くパスタを作ります）
b. → pasta-maker / *fast-maker

(15) a. 他動詞
主語・動詞　直接目的語　間接目的語
I　give　a gift　to the child
（私はその子供に贈り物をあげます）
b. → gift giving / *child-giving

(16) a. 自動詞
主語・動詞　副詞（付加詞）
I　work　hard
（私は懸命に働きます）
b. → hard worker

(17) a.　自動詞
主語・動詞　補語
I　go　to a party
（私はパーティーへ行きます）

b.　→ party-going

（影山（2001）を一部改変）

(18) a.　自動詞
主語・動詞　副詞（付加詞）
I　think　quickly
（私はすぐに決意をします）

b.　→ quick-thinking

このように，第1姉妹の原理によって，他動詞では直接目的語が，そして自動詞では副詞や前置詞（付加詞）から動詞由来複合語が生産される一方，他動詞の間接目的語，副詞や前置詞（付加詞）から動詞由来複合語が生産されないことが正しく予測されます。

(19) a.　他動詞－直接目的語
pasta-maker / letter-writing / potato-baking

b.　自動詞－副詞や前置詞（付加詞）
fast runner / hard worker

c.　他動詞－間接目的語
*child-giving

d.　他動詞－副詞や前置詞（付加詞）
*fast-maker / *hand-making /*pen-writing

（影山（2001）を一部改変）

上記の例のほかに，さらに，動詞の受動態構文において，動詞の目的語が主語になっているので，受動態の動詞に一番近い位置に置かれるのは，道具などを表す付加詞などであります。

したがって，以下に挙げられる例も適格な動詞由来複合語として容認されることになります。

(20)　受動態

a.　主語・be 動詞・動詞＋ed　付加詞
This　is　made　by hand
（これは自家製です）
→ handmade

b.　主語・be 動詞・動詞＋ed　付加詞
This　is　sliced　thin
（これはうすく切られています）
→ thin-sliced

（影山（2001）を一部改変）

4.3.　単語と構文構築の制約

命令文とは，誰かにに何かをさせたい時に用いられる文型であるが，この命令文の適格性を決定するものとして，「その行為や状態が自制可能なものでなければならない」という概念によって説明されることになります。

(21) a.　Study hard.（一生懸命勉強しなさい）
b.　Be cautious.（気をつけなさい）
c.　Be a hero.（ヒーローになりなさい）

d. *Know the answer.（その答えを知りなさい）

e. *Be beautiful.（美しくなりなさい）

f. *Be a girl.（女の子でありなさい）　　（安井(編)（1987））

上記の例文で，(21a, b, c) が容認可能な文例であり，(21d, e, f) の文例が容認不可能なものとして取り扱われるのは，動詞や，叙述用法の部分に現れる形容詞や名詞が非状態的であり，自制可能なものでなければならないと規定されています。上記の，(21d, e, f) のいずれもが，この規定を満たしていないので，容認不可の命令文として判断されています。

しかし，このような，自制不可能と判断された例文でも，by Friday, by next week's party というような期限を表す副詞句が付加されることによって，この一定の期間を認めることで，これらの動詞（know）や形容詞（beautiful）の持つ自制不可能性が，自制可能性に変わるものであるという説明が可能です。また，girl という語は本来，自制不可能な語ですが，自制可能性の特徴を持つ cautious が付加されることによって，命令文全体が自制可能性を持つことになり，この命令文も同様に，容認可能となります。

(22) a. Know the answer by Friday.
（金曜日までにその答えを知りなさい）

b. Be beautiful by next week's party.
（次の週のパーティーまでに美しくなりなさい）

c. Be a cautious girl.（注意深い女の子になりなさい）

cf. *Be fat. / Be fat by next year.
（太りなさい／来年までに太りなさい）

（安井(編)（1987））

最後に，非状態述語は命令文を作れますが，状態述語は命令文を作れないということ提示しておきます。

(23) a. Eat your dinner.（あなたの夕食を食べなさい）
b. Be careful.（注意しなさい）
c. *Hear the music.（音楽を聞きなさい）
d. *Be rich.（金持ちになりなさい）

（安井(編)(1987) より参照・引用および一部改変）

また，動詞は，自動詞や他動詞のいずれにおいても，その補部，すなわち，動詞のあとにどのような要素を取るのかは，動詞の型（動詞の種類）によって異なっているものです。

たとえば，次のような文型（[名詞1＋動詞＋名詞2＋to 不定詞]）には，以下のような例文がよく挙げられます。

(24) a. I believed him to drive carefully.
（私は彼が注意深く，車の運転をすると信じていた）
b. I expected him to drive carefully.
（私は彼が注意深く，車の運転をすると期待していた）
c. I persuaded him to drive carefully.
（私は彼に注意深く，車の運転をするようにと説得した）
d. I promised him to drive carefully.
（私は彼に注意深く，（私が）車の運転をすると約束した）

上記の例文で，(24d) の例文のみが，to 不定詞の主語として，名詞1（すなわち主語の "I"）をとり，このような特徴の動詞は基本的に，promise だけの1語に限られていると言われていました。

しかし，(24d) の例文の解釈について，英語母語話者のコーパス的なデータを取ってみると意外な結果が得られました。その結果を示すと以下のようになります。

(25)??John promised Mary to leave.
（ジョンはメアリーが出ていくことを約束した）

得られた結果によれば，(25) のような構文は不適格であり，実際には，promise が不定詞を取る場合には，間接目的語がない例のみで (26a) となり，間接目的語を伴う場合には，(26b) のように that 節を用いた構文でなければならないというものでした。

(26) a. John promised to leave.
（ジョンは（自分が）出ていくことを約束した）
b. John promised Mary that he would leave.
（ジョンはメアリーに（自分が）出ていくことを約束した）
（高見 (1998) より参照・引用および一部改変）

また，単語の短縮形が，統語論に影響をする場合があります。並木 (2009) が引用をしている例を挙げると，“examination” という単語は，基本的には「試験をすること」という行為や過程の下位意味と「試験問題，試験冊子」というような具体的なものを表す下位意味の両方を持っていますが，短縮形の場合の表現では，後者の意味，すなわち「試験問題，試験冊子」の意味でしか使用ができないと指摘されています。

そして，次のような例文では，これらの違いが明確に示されることになります。

(27) a. The examination / exam was on the table.
（試験問題が机の上にあった）
b. The examination / *exam of the patients took a long time.
（その患者の検査／*検査冊子には長い時間がかかった）
（竝木（2009）を一部改変）

上の例文から，（27a）のように具体的な下位意味を示す時には，“examination” と “exam” のいずれも使用できますが，（27b）のように行為や過程の下位意味の時は “examination” と言うことはできますが，“exam” とは言えないことが明確に分かります。

第5章

形態論と意味論のインターフェイス

5.1. 単語の選択制限に関わる意味素性

単語は，その意味をより小さく基本的な単位である「意味成分（意味素性）」というものから成り立っています。

日本語の場合，複数を表すためには，「～たち・～ら」などが用いられて，名詞にこれの要素が付加されることによって示されています。

したがって，日本語の複数を表す手段として「～たち・～ら」を接辞として付加することで複数形を示すことができます。

(1) a. [少年] たち
　　b. [大人] たち
　　c. [彼女] ら

しかし，この複数を表す接辞である，「～たち・～ら」は付加できる名詞は基本的には「生物」であるものにしか付加できずに，「生物」ではない以下のような例は容認されません。

(2) a. *[岩] たち
　　b. *[机] たち
　　c. *[本] ら

それゆえ，これらの複数形を示す接尾辞は，以下に示されるような意味成分（意味素性）をもった名詞にしか付加できないという定式化ができます。

(3) 「たち・ら」の選択制限
　　[N {+生物}]＋たち・ら

(4) a.　[少年] + たち
　　　{+生物}　{+生物}
　b.　[彼女] + ら
　　　{+生物}　{+生物}

(5) a. *[岩] + たち
　　　{－生物}{+生物}
　b. *[本] + ら
　　　{－生物}{+生物}

これらのように，ある特定の意味成分（意味素性）をもった語しか選択しないという制約は「選択制限」とよばれるものでした。

また，日本語では，複数形を示す手段として，「重ね方式」という方式は存在しており，以下に挙げられるような例があります。

(6) a.　山々
　b.　人々
　c.　家々
　d.　島々
　e.　国々　（北原（2003））

しかし，この方式においてもその表現には制約が存在しており，以下のような表現は通常，容認されていません。

(7) a. *犬々
　b. *猫々
　c. *川々　（北原（2003））

これらの例が容認されないのは，「慣用」という概念からの説明が可能であり，これは指示されたものが集合体として日常的にとらえることが可能であるという特徴があると認められなければなりません。

すなわち，日常的に，「山」がいくつか，かたまって存在することは（「山々」のように）日常で存在することがありますが，多くの「川」が面前でまとまって（「*川々」のように），見ることは通常はあり得ないということで，あるからです。

先に見たような，意味成分（意味素性）に基づく選択制限は，英語においても，もちろん有効に機能しており，次の例文においては，“eat” という動詞は，その目的語としては基本的に「食べ物」の名詞句をとるのが普通であります。

ゆえに，目的語である名詞句には，[+ Edible（食べ物）] という選択制限が適用されることになり，[+ Edible（食べ物）] という意味成分（意味素性）を持たないような目的語である名詞句は現れることができません。

(8) a. He will eat the potato / banana / tomato.
（彼は芋／バナナ／トマトを食べます）
b. *He will eat the cliff / rock / sun.
（*彼は絶壁／岩／太陽を食べます）

（中島（2011）を一部改変）

また，動詞である “want” は，主語をとるのは感情を感じるようなものに制限されているので，意味成分（意味素性）は [+ Human（人間）] という素性を持つことが課せられているので，以下の例文のように適格文と不適格文が区別されることになります。

(9) a.　The spinster wants a cup of tea.
（その未婚女性は1杯のお茶をほしがっています）
b. *The rock wants a cup of tea.
（その岩は1杯のお茶をほしがっています）
（中島 (2011) を一部改変）

同様に，動詞 “weep” も，主語には意味成分（意味素性）は [+ Human（人間）] という素性を持つことが課せられているので，以下のような適格文と不適格文が区別されることになります。

(10) a.　Tom wept.（トムは泣いた）
b. *Stone wept.（石は泣いた）

さらに，興味深い例としては，動詞 “elapse” であり，この動詞は，主語としては，時間に関わるものしか取ることができない特殊なものであり，[+ time（時間）] という意味素性を持つ主語が必要とされ，それ以外の主語は容認されません。

(11) a.　A week / month / year elapsed.
（1週間／1カ月／1年が過ぎた）
b. *Tom elapsed.
（トムが通り過ぎた）

その一方で，選択制限があまり機能していないような動詞も存在しており，“seem” はそのような動詞であることは，以下の例から明らかです。

(12) a.　John seems to be happy.｛+人間｝
（ジョンは幸せそうに見えます）

b. The dog seems to be pretty. {+生物}
(その犬は可愛く見えます)

c. The house seems to be wonderful. {+物}
(その家は素晴らしく見えます)

5.2. 単語のレベルの意味素性の連続による制約

次には単語レベルでの意味素性の関係からの観点で，語形成が制約を受けている例をあげます。以下に見られように不規則動詞の活用は同じ [t] または [d] の分節音の連続を避けるために，母音の変化を用いていたことが，これらの不規則動詞の語末が [t] または [d] で，終わっていることから分かります。

(13) (*[t][t] / *[d][d])
a. A-A-A (cut-cut-cut / *cut-ed [t][t])
b. A-B-B (build-built-built / *build-ed [d][d])
c. A-B-C (get-got-gotten / *get-ed [t][t])

また，このようなことは，日本語の連濁現象でも見られ，以下に挙げるように同じ素性（この場合の素性は音韻素性です）の連続を避けるために連濁が阻止される場合があることが分かります。

(14) (*[+ voice] [+ voice])
a. kami + *[g]a[z]a (No-Rendaku)
b. ori + [g]ami (Rendaku)
c. Na[g]a-sima / *[z]ima (No-Rendaku)
d. Na[k]a-[s]ima / -[z]ima (Rendaku)

そして，英語の語形成では，語源が重要な役割をしており，ゲルマン語系の語は，[− latinate] と素性指定され，ラテン語・フランス語系の語は，[+ latinate] として素性指定されることで，語形成過程がうまく説明できます。たとえば，-ity という接尾辞は [+ latinate] の語に付加されますが，[− latinate] の語には付加されません。一方，-ness という接尾辞は [+/− latinate] のどちらの語にも付加が可能ですので，以下のように “happy” という語は，[− latinate] の語でありますので，“happiness” の派生のみが容認されることになります。

(15) a. [A [+ latinate] + -ity] → N
b. [A [+/− latinate] + -ness] → N

（米倉（2012））

(16) happy A [− latinate]
a. happiness → happy [− latinate] + [+/− latinate] ness
b. *happity → happy [− latinate] + [+ latinate] ity

同様にして，以下の語の派生に関しても，意味素性の観点からの派生の説明ができます。

(17) a. in [+ latinate] + [+ latinate] animate → inanimate
b. in [+ latinate] + [− latinate] happy → *inhappy
c. “N + essN” ([female]) → marked as [+ HUMAN]
d. steward-ess, waitr-ess [+ HUMAN]
e. *dogg-ess [− HUMAN]

したがって，ゲルマン語系（G）の素性を持った接尾辞（Suf）の連続も許されない場合があります。

(18) *dress + ing + less ([WORD + *[Suf-G + Suf-G]]

(米倉 (2012))

また，語尾における接尾辞の連続にも制約があり，生産性([productivity])という素性が高い接尾辞が生産性の素性が低い接尾辞がより右側にくるようになっています。これは，最後に生産性の高い接尾辞がくることによって，さらなる接尾辞付加による語の派生の可能性を保証するものであると考えられます。

(19) (X-less-ness > *X-ness-less)

a. hope-less-ness

b. *happi-ness-less

(X + [− productive] [+ productive]

→ X + *[+ productive] [− productive]

(Hay and Plag (2004))

(20) more productive affixes have a more peripheral position than less productive ones. (Dressler (2007))

(より生産性の高い接辞はより生産性の低い接辞よりも周辺に位置します)

この考えにしたがうと，"-ness" "-ity" の接尾辞の付加のふるまいの違いを生産性([productivity])の高さの違いという観点からうまく説明ができます。

(21) (productivity: ness[+ productivity] > ity[− productivity])

a. opac-ity / opaque-ness

b. *wet-ity / wet-ness

(*wet [− latinate] + [+ latinate] ity)

そして，次の挙げる語では，否定的内容を持つ語に，否定を示す接頭辞 “un-” が付加されないという事実も，意味素性の [+ negative（否定)] が連続すること避けるために容認されないものであると適格に説明ができます。

(22)　容認可能な語

a.　un-happy　[+ negative] [− negative]

b.　un-healthy　[+ negative] [− negative]

c.　un-clean　[+ negative] [− negative]

(23)　容認不可能な語

a. *un-sad　*[+ negative] [+ negative]

b. *un-ill　*[+ negative] [+ negative]

c. *un-dirty　*[+ negative] [+ negative]

最後に，阻止（blocking）という現象では，すでに人間の辞書（レキシコン）に同義語が存在している場合，派生による新たな新造語が容認不可となることである。

(23)　すでに別の抽象名詞が存在している時，新しい語は認められない：

Xous + ity → Xousity
（形容詞）　（名詞）

（形容詞）		（抽象名詞）
curious	—	curiosity
specious	—	speciosity
glorious	glory	*gloriosity
furious	fury	*furiosity

次の例でも，同様に，阻止の現象が働いていると考えられます。

(24) a. last year / last month / *last day → yesterday

b. next month / next week / *next day → tomorrow

c. this morning / this afternoon / this evening / *this night → tonight

d. blue → pale blue / red → *pale red (=pink)

第6章

統語論と意味論のインターフェイス

本章では，最後に，統語論と意味論とのインターフェイスを概観することになりますが，まず代表的な統語論と意味論の関係を示す例として二重目的語構文と与格構文とのあいだの交替現象（相互の書き換え）を取り上げることにします。

この二重目的語構文を取り上げる前に，この構文に統語論の要素の隣接性が重要な役割を示していることに注目します。まずは，簡単な例から見ることにします。これには，次のような原則が想定されます。それは，「近接の影響力は強い」というもので，以下の例を参照してください。

(1) a. Harry is unhappy. > b. Harry is not happy
（ハリーは不幸せである）　（ハリーは幸せではない）

(1b) では，not は happy という形容詞から独立しているが，(1a) では，接頭辞 un- と happy は同じ 1 語内にあり，否定の影響力は (1b) よりも (1a) のほうが強く，(1a) の否定の度合いのほうが強いと言えます。

さらに，次の例においても，二つの文が含意していることは異なっています。

(2) a. I taught Greek to Harry.
b. I taught Harry Greek.
（私はハリーにギリシャ語を教えた）

(2b) の二重目的語構文おいては，taught と Harry は隣接しているので，影響力が強く，その意味は，ハリーが実際に，ギリシャ語を修得したことを含意していますが，(2a) の与格構文は，二つの語が隣接していないので，ハリーがギリシャ語を実際に習得したかどうかは不明です。

同様のことは，次の二重目的語構文の意味するところと与格構文との間における意味の違いにも反映されています。

(3) a. John sent his father a letter.
    b. John sent a letter to his father.
    (ジョンは彼の父に手紙を送った)

前者の二重目的語構文では，ジョンが父に送った手紙が間違いなく父のもとに到着したことを含意していますが，後者の与格構文では，到着しているのかどうかは不明であることを含意しています。

さらに，以下の二重目的語構文と与格構文でも，同じように，前者では花束の手渡しが完了しているのに対して，後者ではそれは分からないという違いが存在します。

(4) a. He gave her a beautiful bouquet.
    b. He gave a beautiful bouquet to her.
    (彼は彼女にきれいな花束を渡した)

次に挙げる例文においても同様のことが言え，(5a) はより直接的な (自分の) 感覚によるもので，(5c) は間接的な (他人の) 感覚によるものであり，(5b) はその中間的なものである。

(5) a. I find the chair comfortable.
    b. I find the chair to be comfortable.

c. I find that the chair is comfortable.

(私はその椅子が座り心地がよいとわかっています)

(池上 (2006))

また，二重目的語構文では，意味論的かつ語用論的に，直接目的語が，“kiss” というような抽象的な名詞であれば，その移動を保障する二重目的語構文は許容されますが，そうでない与格構文は認められないことになります。すなわち，後者の与格構文はでは，キスが行われなかったことを示唆してしまいます。

(6) a. Ken gave Carthy a kiss.

b. *Ken gave a kiss to Carthy.

(ケンはキャシーにキスをした)

(小野 (2007))

さらに，この二重目的語構文では，到着点の項は，生物でなければならず，すなわち「受容者」であることが求められますので，以下に挙げられるような適格文と不適格文の区別が行われます。

(7) She brought the boarder / *the border a package.

(彼女は {その寮生に／*国境に} 小包をもっていた)

(河上ほか(訳) (2001))

さらに，以下の例文で，shorten や lengthen は他動詞として問題なく使用することはできますが，これらが自動詞の用法になると，shorten は使用可能ですが，lengthen は使用不可となります。すなわち，スカートを洗ってその生地によって縮むことはありえるので，自動詞としても使用は可能ですが，スカートがそれ自体の性質から丈が伸びるということは通常考えられないので，不適格な文となります。

(8) a. She shortened her skirt.
(彼女はスカートの丈を縮めた：他動詞)
b. Her skirt shortened.
(彼女のスカートの丈は縮んだ：自動詞)
c. She lengthened her skirt.
(彼女はスカートの丈を伸ばした：他動詞)
d. *Her skirt lengthened
(彼女のスカートの丈は伸びた：自動詞)
(影山 (2010) を一部改変)

また，文の中に数量詞 (many, few) が含まれている場合にも注意が必要であります。この場合，数量詞である，many，few の作用域というものが問題となり，前者では many の作用域が few よりも大きいことに基づく訳となりますが，後者では，few の作用域が many よりも大きいことによる訳になりますので，二つの文の訳は異なったものとなります。

(9) a. Many men read few books. (many > few)
(本をあまり読まない人が多い)
b. Few books are read by many men. (few > many)
(広く人々に読まれる本は少ない)
(毛利 (1983))

さらに，名詞句が文の主語として機能することは一般的ですが，その主部である名詞句の中にある主語を特定することが難しい場合があります。しかし，必ず主語は文中の定形動詞に呼応することになっていますので，この観点から主語を特定することができます。以下の例文をご覧ください。

(10) a. [The number of visitors] **has** increased.
（訪問者の数は増加してきています）

b. [A number of problems] **have** arisen.
（多くの問題が起きてきています）

（中村・金子(2007) 一部改変）

(10a) の例文では，主語は "number" ですので，呼応する動詞は単数形に対応する "has" となっていますが，(10b) では，主語は複数形の "problems" となりますので，呼応する動詞は，複数形に対応する "have" となっています。

そして，次の例文では，その動詞の特性に対応して，名詞句の中の主要部の "bottle" に呼応している場合と，前置詞の補部となっている "wine" に呼応している場合が存在していることにも注目したいです。

(11) a. [A bottle of wine] **broke**.
（ワインのビンが壊れた）

b. [A bottle of wine] **spilled**.
（ビンのワインがこぼれた）

（中村・金子 (2007)）

最後に，シンガポールの英語 (Singapore English) では，イギリス英語などの標準英語の文法とは異なり，主部となる名詞句内の主語が，動詞と一致していない現象が見られます。これらは，主部を形成する名詞句の中で，動詞に近い名詞が呼応しているという特徴があり，本名 (2013) によれば，このような現象は非母国語話者の英語ではよく見られるものであると報告されています。([ ] が本来の主語，下線部は誤って呼応している名詞を示す)

(12) a. [Making] reservations at high-end restaurants **are** a must in food-crazy Singapore. (**are** → is)
(食道楽の多いシンガポールでは，高級レストランの予約は絶対必要です)

b. The Singapore Universities' [drop] in rankings **were** probably a result of the change in assessment criteria. (**were** → was)
(シンガポールの大学のランキングの下降は評価基準の変化の結果です)

c. When the prices of new car rise, the [value] of used cars **rise** too. (**rise** → rises)
(新車が値上げになると，中古車の価値も上がります)

(本名 (2013))

参考文献

Akasaka, Y. and K. Tateishi (2001) "Heaviness and Interfaces," *Issues in Japanese Phonology and Morphology*, ed. by J. van de Weijer and T. Nishihara, 3-46, Mouton de Gruyter, Berlin.

Allen, M. (1978) *Morphological Investigations*, Doctoral dissertation, University of Connecticut.

Anderson, J. (1982) "Where's Morphology," *Linguistic Inquiry* 13, 571-612.

Aronoff, M. (1976) *Word Formation in Generative Grammar*, MIT Press, Cambridge, MA.

Aronoff, M. anad K. Fudeman (2011) *What Is Morphology*, 2nd ed., Wiley-Blackwell, London.

Berendesen, E. (1985) "Tracing Case in Phonology," *NLLT* 3, 95-106.

Bochner, H. (1992) "Inflection and Derivation," *Linguistic Review* 3, 411-421.

Booij, G. E. (2012) *The Grammar of Words*, 3rd ed., Oxford University Press, Oxford.

Booij, G. E and J. Rubach (1984) "Morphological and Prosodic Domains in Lexical Phonology," *Phonology Yearbook* 1, 1-27.

Borowsky, T. (1986) *Topics in English and Lexical Phonology*, Doctoral dissertation, University of Massachusetts.

Bruzio, L. (1994) *Principles of English Stress*, Cambridge University Press, Cambridge.

Bruzio, L. (1998) "Multiple Correspondence," *Lingua* 104, 79-109.

Bush, N. (2001) "Frequency Effects and Word-Boundary Palatalization in English," *Frequency and the Emergence of Linguistic*

Structure, ed. by J. Bybee and P. Hopper, 255-280, John Benjamins, Amsterdam.

Bybee, J. (1985) *Morphology*, John Benjamins, Amsterdam.

Chomsky, N. (1965) *Aspects of the Theory of Syntax*, MIT Press, Cambridge, MA.

Chomsky, N. (1981) *Lectures on Government and Binding*, Foris, Dordrecht.

Chomsky, N. and M. Halle (1968) *The Sound Pattern of Englsih*, Harper & Row, New York.

Cooper, W. E. and J. Paccia-Cooper (1980) *Syntax and Speech*, Harvard University Press, Cambridge, MA.

Di Sciullo A-M. and E. Williams (1987) *On the Definition of Word*, MIT Press, Cambridge, MA.

Dogil, G. (1984) "Grammatical Prerequisities to the Analysis of Speech Style: Fast/Casual Speech," *Intonation, Accent and Rhythm*, ed. by D. Gibbon and H. Richter, 91-119, Walter de Gruyter, Berlin.

Dressler, W. U. (2007) "Productivity in Word Formation," *The Mental Lexicon: Core Perspective*, ed. by G. Jarema and G. Libben, 159-183, Elsevier, Amsterdam.

Frascarelli, M. (2009) *The Syntax-Phonology Interface in Focus and Topic Construction in Italian*, Kluwer, Dordrecht.

Golston, C. (1995) "Syntax Outranks Phonology: Evidence from Ancient Greek," *Phonology* 12, 343-368.

Guasti, M. and M. Nespor (1999) "Is Syntax Phonology-Free," *Phrasal Phonology*, ed. by R. Kager and W. Zonneveld, 73-97, Nijmegen University Press, Nijmegen.

Halle, M. and K. P. Mohanan (1985) "Segmental Phonology and Modern English," *Linguistic Inquiry* 16, 57-116.

Hammond, M. (1999) "Lexical Frequency and Rhythm," *Functionalism and Formalism in Linguistics*, ed. by M. Darnell et al., 329-358, John Benjamins, Amsterdam.

畠山雄二（2006）『言語学の専門家が教える新しい英文法』ベレ出版，東京.

Hayes, B.（1984）"The Phonology of Rhythm in English," *Linguistic Inquiry* 15, 33–74.

Hayes, B.（1989）"The Prosodic Hierarchy in Meter," *Phonetics and Phonology 1*, ed. by P. Kiparsky and G. Youmans, 201–260, Academic Press, San Diego.

Hay, J and I. Plag（2004）"What Constarints Possible Suffix Combination," *NLLT* 22, 565–596.

本名信行（2013）『国際言語としての英語：文化を越えた伝え合い』冨山房インターナショナル，東京.

Hyman, L.（1975）*Phonology: Theory and Analysis*, Holt Rinehart and Winston, New York.

池上嘉彦（2006）『英語の感覚・日本語の感覚―〈ことばの意味〉のしくみ―』日本放送出版協会，東京.

伊藤たかね（1999）「複数形を取り込んだ複合語」『英語青年』9 月号，19.

Irwin, M.（2011）*Loanwaords in Japanese*, John Benjamins, Amsterdam.

Jackendoff, R.（1995）*Semantic Structure*, MIT Press, Cambridge, MA.

Jensen, J.（1996）"Containment and Two-Level OT," a revised version of a paper presented at the Montreal-Ottawa-Toronto Phonology Workshop at McGill University.

影山太郎（1989）「形態論・語形成論」『日本語と日本語教育　第 11 巻　言語学要説（上）』，60–92，明治書院，東京.

影山太郎（1993）『文法と語形成』ひつじ書房，東京.

影山太郎（2001）『動詞の意味と構文』大修館書店，東京.

影山太郎(2010)「動詞の意味と統語構造」『ひつじ意味論講座 1：語・文法のカテゴリーの意味』，澤田治美(編)，153–171，ひつじ書房，東京.

Kaisse, E.（1985）*Connected Speech: The Interaction of Syntax and Phonology*, Academic Press, Orland.

Kaisse, E. (1990) "Toward a Typology of Postlexical Rules," *The Phonology-Syntax Connection*, ed. by S. Inkelas and D. Zec, 127-143, University of Chicago Press, Chicago.

河上誓作ほか(訳) (2001)『構文文法論―英語構文への認知的アプローチ―』研究社出版，東京.

Kaye, J. (1989) *Phonology*, Lawrence Erlbaum, Hillsdale, NJ.

Kean, M-L. (1977) "The Linguistic Interpretation of Aphasic Syndromes," *Cognition* 5, 9-46.

Kenesei, I. and I. Vogel (1993) "Focus and Phonological Structure," ms., University of Szeged and University of Delaware.

King, H. (1970) "On Blocking the Rules for Contraction in English," *Linguistic Inquiry* 1, 134-136.

Kiparsky, P. (1982) "Lexical Morphology and Phonology," *Linguistics in the Morning Calm*, ed. by I-S. Yang, 3-91, Hanshin, Seoul.

Kiparsky, P. (1983) "Word-Formation and the Lexicon," *Proceedings of the Mid America Linguistics Conference*, ed. by F. Ingemann, 3-29, University of Kansas.

Kiparsky, P. (1985) "Some Consequences of Lexical Phonology," *Phonology Yearbook* 2, 85-138.

北原保雄 (2003)『日本語の使い方考え方辞典』岩波書店，東京.

Kraska-Szlenk, I. and M. Zygis (2002) "Phonetic and Lexical Gradience in Polish Prefixed Words," *Cognitive Linguistics* 23. 2, 317-366.

Kubozono, H. (1990) "Phonological Constraints on Blending in English as a Case for Phonology-Morphology Interface," *Yearbook of Morphology* 3, 1-20.

窪薗晴夫 (1995)『語形成と音韻構造』くろしお出版，東京.

窪薗晴夫 (2006)『アクセントの法則』岩波書店，東京.

窪薗晴夫・溝越彰 (1991)『英語の発音と英詩の韻律』英潮社，東京.

Kuno, S. (1977) "Wh-Cleft and It-Cleft Sentences," *Studies in*

English Linguistics 5, 88-117, Asahi Press, Tokyo.
Lakoff, G. (1970) "Global Rule," *Language* 46, 627-639.
Lowenstamm, J. (1996) "CV as the Only Syllable Type," *Current Trendsin Phonology Models and Methods*, ed. by J. Durand and B. Lask, 24-46, University of Salford, Salford.
McMahon, A. (1992) "Lexical Phonology and Diachrony," *History of Englishes*, ed. by Matti Rissanen et al., 167-190, Mouton de Gruyter, Berlin.
Mohanan, K. P. (1982) *Lexical Phonology*, Doctoral dissertation, MIT.
Mohanan, K. P. (1986) *The Theory of Lexical Phonology*, Ridel, Dordrecht.
毛利可信 (1983)『橋渡し英文法』大修館書店，東京.
中島平三 (2011)『ファンダメンタル英語学（改訂版)』ひつじ書房，東京.
中村捷・金子義明 (2002)『英語の主要構文』研究社，東京.
中村捷・金子義明 (2007)『英文法研究と学習文法のインターフェイス』東北大学.
竝木崇康 (2009)『単語の構造の秘密』開拓社，東京.
根間弘海 (1979)『生成音韻論接近法』晃学出版，名古屋.
Nespor, M. (1987) "Vowel Degemination and Fast Speech Rules," *Phonology Yearbook* 4, 61-85.
Nespor, M. and I. Vogel (1983) "Prosodic Structure above the Word," *Prosody: Models and Measurement*, ed. by A. Cutler and D. R. Ladd, 123-140, Springer-Verlag, Berlin.
Nespor, M. and M. Scorretti (1984) "Empty Elements and Phonological Form," *Grammatical Representation*, ed. by J. Gueron et al., 203-235, Foris, Dordrecht.
Nespor, M. and I. Vogel (1986) *Prosodic Phonology*, Foris, Dordrecht.
Nespor, M. and I. Vogel (1989) "On Clash and Lapses," *Phonology Yearbook* 6, 69-116.

Nishihara, Tetsuo (1990) "Adjacency in Post-Lexical Rules of Lexical Phonology," unpublished paper, Kyoto University of Foreign Studies.

西原哲雄 (1992) 「Post-Lexical Module 内の音韻規則区分について」『甲南英文学』第 7 号, 31-48.

西原哲雄 (1994a) 「語構造のパラドックスと音律構造—経済性の原理との係わり—」『甲南英文学』第 9 号, 44-60.

西原哲雄 (1994b) 「複合語の屈折と慣用化」『ことばの音と形』230-238, こびあん書房, 東京.

西原哲雄 (2012) 「語の構造について—形態論」『言語学入門』, 西原哲雄(編), 39-63, 朝倉書店, 東京.

Nishihara, T., J. van de Weijer and K. Nanjo (2001) "Against Headedness in Compound Truncation: English Compounds in Japanese," *Issues in Japanese Phonology and Morphology*, ed. by J. van de Weijer and T. Nishihara, 300-324, Mouton de Gruyter, Berlin.

Odden, D. (1990) "Syntax, Lexical Rules and Postlexical Rules in Kimatuumbi," *The Phonology-Syntax Connection*, ed. by S. Inkelas and D. Zec, 259-277, University of Chicago Press, Chicago.

Odden, D. (1994) "Syntactic and Semantic Condition in Kinkongo Phrasal Phonology," *Perspectives in Phonology*, ed. by J. Cole and C. Kisseberth, 167-202, CSLI Publications, Stanford.

小野隆啓 (2012a)「教室で役立つ言語学：見えないモノの存在」『英語教育』10 月号, 60-61.

小野隆啓 (2012b)「教室で役立つ言語学：痕跡以外の空所」『英語教育』11 月号, 54-55.

小野経男 (2007) 『英語類義動詞の構文事典』大修館書店, 東京.

Otsu, Y. (1980) "Some Aspects of Rendaku in Japanese and Related Problems," *MIT Working Papers in Linguistics* 2, 207-228.

Quirk, R., S. Greenbaum, G. Leech and J. Svartvik (1985) *A*

Comprehensive Grammar of the English Language, Longman, London.

Radford, A. (1988) *Transformation Grammar*, Cambridge University Press, Cambridge.

Radford, A. (1997) *Syntax*, Cambridge University Press, Cambridge.

Rochemont, M. and P. W. Culicover (1990) *English Focus Construction and the Theory of Grammar*, Cambridge University Press, Cambridge.

Roeper, T. and T. Siegel (1978) "A Lexical Transformation for Verbal Compounds," *Linguistic Inquiry* 9, 199–260.

Ross, J. R. (1986) *Infinite Syntax!*, Ablex, Norwood, NJ.

Sag, I. A. (1978) "Floated Quantifiers, Adverbs, and Extraction Sites," *Linguistic Inquiry* 9, 146–150.

Sainz, S. (1992) *A Noncyclic Approach to the Lexical Phonology of English*, Doctoral dissertation, Cornell University.

Scheer, T. (2011) *A Guide to MorphoSyntax-Phonology Interface Theories*, Mouton de Gruyter, Berlin.

Selkirk, E. (1972) *The Phrase Phonology of English and French*, Doctoral disseratation, MIT. [Published by Garland, New York, 1980]

Selkirk, E. (1982) *The Syntax of Words*, MIT Press, Cambridge, MA.

Selkirk, E. (1984) *Phonology and Syntax*, MIT Press, Cambridge, MA.

Scalise, S. (1986) *Generative Morphology*, Foris, Dordrecht.

Scalise, S. (1988) "The Notion of 'Head' in Morphology," *Yearbook of Morphology 1988*, ed. by G. E. Booij and J. Van Marle, 247–258, Foris, Dordrecht.

清水克正 (1978)『生成音韻論概説』篠崎書林，東京.

Siegel, D. (1974) *Topics in English Morphology*, Doctoral dissertation, MIT. [Published by Garland, New York, 1979]

Stampe, D. (1972) *A Disseratation on Natural Phonology*, Doctoral disserataion. [Published by Garland, New York, 1979]

Szpyra, J. (1989) *The Phonology-Morphology Interface*, Routledge, London.

高橋勝忠 (1986)「助動詞縮約の統語的分析とそれらの諸問題」『甲南英文学』第 1 号, 49-63.

高見健一 (1993)「語用論と統語論のインターフェイス：機能的構文論の立場から」『英語青年』Vol. 139, No. 5, 219-221.

高見健一 (1998)「John Promised Mary to leave は「正用法」か？」『英語青年』7 月号, 12-13.

Takano, Y. (1998) "Objects Shift and Scrambling," *NLLT* 16, 817-889.

外池滋生 (1976)「自然音韻論とはなにか」『月刊言語』9 月号, 75-81.

Vogel, I. (1994) "Phonological Interface in Italian," *Issues and Theory in Romance Linguistics*, ed. by M. Mazzola, 109-126, Gerogetown University Press, Washington, D.C.

Vogel, I. and I. Kenesei (1987) "The Interface between Phonology and Other Components of Grammar: The Case of Hungarian," *Phonology Yearbook* 4, 243-263.

Vogel, I. and I. Kenesei (1990) "Synatx and Semantics in Phonology," *The Phonology-Syntax Connection*, ed. by S. Inkelas and D. Zec, 339-363, University of Chicago Press, Chicago.

渡部真一郎・松井理直 (1997)「音声言語研究」『言語文化概説』, 藤本和貴夫・木村健治(編), 137-150, 大阪大学出版会, 大阪.

渡部昇一ほか(訳) (1986)『レトリックと人生』大修館書店, 東京.

Wheeldon, L. (2000) "Generating Prosodic Structure," *Aspects Language Production*, ed. by L. Wheeldon, 249-274, Psychology Press, Hove, East Sussex.

Williams, E. (1981) "On the Notions 'Lexically Related' and 'Head of a Word'," *Linguistic Inquiry* 12, 245-274.

Wisse, R. (1987) "Prosodic Conditions on Clitics," *Phonologica*

1984, ed. by W. U. Dressler et al., 333–338, Cambridge University Press, Cambridge.

Wood, W. (1979) "Auxiliary Reduction in English: Unified Account," *CLS* 15, 366–377.

山田宣夫 (2002)「言語の音：音声学・音韻論 2」『言語研究入門―生成文法を学ぶ人のために―』, 大津由紀雄ほか(編), 58-75, 研究社, 東京.

安井稔(編) (1987)『例解 現代英文法事典』大修館書店, 東京.

米倉綽 (2006)「古英語, 中英語, 初期近代英語における語形成」『英語の語形成―通時的・共時的研究の現状と課題―』, 米倉綽(編), 1-186, 英潮社, 東京.

Zec, D. and S. Inkelas (1990) "Prosodically Constrained Syntax," *The Phonology-Syntax Connection*, ed. by S. Inkelas and D. Zec, 365-378, University of Chicago Press, Chicago.

索　引

1. 日本語は五十音順に並べ，英語で始まるものは日本語読みにした。
2. 数字はページ数字を示す。

[あ行]

[か行]

[さ行]

[た行]

[な行]

[は行]

[ま行，や行，ら行，わ行]

西原　哲雄　（にしはら　てつお）

1961 年大阪府生まれ。甲南大学大学院，人文科学研究科英文学専攻博士課程後期単位取得満期退学。文学修士。現在，宮城教育大学教授。

編著書など：*Issues in Japanese Phonology and Morphology*（共著・共編，Mouton de Gruyter，2001），『音韻理論ハンドブック』（共著・共編，英宝社，2005），『現代形態論の潮流』（共著・共編，くろしお出版，2005），『ことばの仕組み―最新英語言語学入門―』（共著・共編，金星堂，2005），*Voicing in Japanese*（共著・共編，Mouton de Gruyter，2005），『現代音韻論の論点』（共著・共編，晃学出版，2007），『教養のための言語学』（共著・共編，晃学出版，2010），*Linga: Morphological Variation in Japanese*（共著・共編，Elsevier，2010），『英語の形態論とレキシコン』（単著，晃学出版，2011），『自信がわく英会話』（単著，河北新報出版センター，2011），『現代音声学・音韻論の視点』（共著・共編，金星堂，2012），『言語学入門（朝倉日英対照言語学シリーズ第 1 巻）』（共著・編集，朝倉書店，2012），『朝倉日英対照言語学シリーズ（第 1 巻―第 7 巻）』（共同監修，朝倉書店，刊行中），*Current Issues in Japanese Phonology*（共著・共編，開拓社，2013）など多数。

文法とは何か
―音韻・形態・意味・統語のインターフェイス―　<開拓社　言語・文化選書 40>

2013 年 10 月 25 日　第 1 版第 1 刷発行

著作者　西 原 哲 雄
発行者　武 村 哲 司
印刷所　東京電化株式会社／日本フィニッシュ株式会社

発行所　株式会社　開　拓　社
〒113-0023 東京都文京区向丘 1-5-2
電話　(03) 5842-8900（代表）
振替　00160-8-39587
http://www.kaitakusha.co.jp

ISBN978-4-7589-2540-2　C1380